DER KANZLER, LEIDER MEIN BRUDER, UND ICH

LOTHAR VOSSELER

Der Kanzler, leider mein Bruder, und ich

MIT ERNEST BUCK

WITTELSBACHER MEDIENAGENTUR
SCHWARZKOPF & SCHWARZKOPF VERLAG

INHALT

VORWORT

Liebe Leserin, lieber Leser,

zuallererst möchte ich mich Ihnen gerne vorstellen: Mein Name ist Lothar Vosseler, und ich bin der Halbbruder des Bundeskanzlers Gerhard Schröder, der für mich bis heute »Acker« heißt. In diesem Buch möchte ich Ihnen von unserer gemeinsamen Kindheit und Jugend erzählen, wie wir aufwuchsen und welche Streiche wir ausheckten. Auch, wie wir langsam älter wurden und uns nach und nach in verschiedene Richtungen entwickelten.

Ich werde Ihnen aber auch berichten, was meine Familie und ich seit Gerhards Wahl zum Kanzler tagtäglich erleben und mit welch teilweise absurden Anforderungen und Beschuldigungen ich mich immer wieder herumschlagen muss. Aber es gibt auch positive Seiten, beispielsweise meine Bekanntschaft mit netten und interessanten Menschen, die ich ohne meinen zufälligen Status als Kanzlerbruder ganz sicher nie kennen gelernt hätte. Und nicht zu vergessen, auch dieses Buch hätte ich sonst natürlich niemals schreiben können.

Seit Gerhard in aller Welt bekannt ist, hat sich auch das Leben der Familie Vosseler durch die Verwandschaft mit einem prominenten Politiker sehr verändert. Als er noch Landesvater in Hannover war, da war dies noch nicht so schlimm – da war seine Partei in Bonn und Berlin noch in der Opposition. Doch jetzt ist er der Regierungschef, und die Unzufriedenheit vieler Bürger mit der Regierungspolitik – eben mit seiner Politik – fällt oft auch auf mich zurück. Viele Leute erwarten von mir, ich solle meinem Halbbruder einmal kräftig den Marsch blasen. Sie rechnen damit, dass ich Einfluss auf Gerhard habe, und geben mir für vermeintliche Fehler die Mitschuld. Aber das ist ein Irrglaube. Gerhard würde mir, wenn es um Politik geht, nicht eine Sekunde zuhören.

Denn im Gegensatz zum studierten Gerhard bin ich nur der »kleine« Halbbruder, der bis zum Wahlsonntag 1998 ein ziemlich normales Leben führte und damit sehr zufrieden war. Ich war einfach Lothar, der Malocher, der täglich seinen schwierigen Kampf um Job und Geld bewältigen musste. Nun bin ich aber auch der Halbbruder des Kanzlers! Was das bedeutet? Medienrummel, ständige Fragen von Nachbarn und Journalisten, schiefe Blicke – kurzum: Stress.

Falls Sie sich jetzt fragen, warum meine Person für die Medien eine solche Attraktion darstellt, kann ich Ihnen leicht eine Antwort geben: Ich habe kein hohes, gut dotiertes Staatsamt, bin kein Bankdirektor oder Topmanager und war seit 1995 mit einigen Unterbrechungen die meiste Zeit arbeitslos – natürlich nicht durch eigenes Verschulden. Dennoch erregte dieser Gegensatz zu dem ehrgeizigen und erfolgsorientierten Lebensweg meines Halbbruders das Medieninteresse in einem erstaunlichen Maße. Ich werde Ihnen später davon berichten, wie dieses Interesse plötzlich über mich kam!

Welten scheinen mich von meinem Halbbruder zu trennen. Das betrifft nicht allein unsere Charaktere und unseren Lebensalltag, sondern auch den Kontostand, den gesellschaftlichen Status und natürlich die Möglichkeiten, Macht auszuüben. Die Politik, die Macht, der Erfolg, der Status als Prominenter, all das war mir immer vollkommen gleichgültig, und bis zur Wahl im Jahre 1998 musste ich mich damit auch nie befassen. Ich wollte immer mit meiner Frau Gisela und meinem Sohn Nickos in Ruhe und Frieden leben, mehr nicht. Aber der Wahltag 1998 veränderte mein Leben von Grund auf, ich wurde unvermittelt in die Öffentlichkeit gezerrt.

Manche Leser mögen vielleicht glauben, mein Halbbruder, der Kanzler, hätte mich während der Arbeitslosigkeit finanziell unterstützt, aber das trifft nicht zu. Nein, ich bekomme keine monatliche »Kanzlerhalbbruderunterstützung« aus seiner Privatschatulle. Ich würde das übrigens auch nicht annehmen, dafür bin ich zu stolz. Ich habe immer für mein Einkommen und den

Unterhalt meiner Familie geschuftet. Keine Arbeit, kein Job waren und sind mir zu dreckig oder zu hart. Allerdings musste ich auch am eigenen Leib erfahren, dass Menschen ab 50 in der Berufswelt zum alten Eisen gehören. Arbeitslosigkeit ist das größte Problem unserer Gesellschaft, und es scheint mir fast, dass kein politisches Konzept dauerhaft etwas dagegen bewirken kann.

Während meiner vergeblichen Stellensuche war ich oft genug kurz davor, alle Hoffnung aufzugeben. Seit dem Oktober 2004 bin ich nun wieder berufstätig – endlich! Ich habe einen normalen Arbeitsvertrag als Angesteller im Außendienst und betreue Bäckereien. Die Arbeit macht mir Spaß und endlich scheint sich alles wieder zum Guten gewendet zu haben. Doch noch immer sitzt die Angst, wieder arbeitslos zu werden, tief in mir. Keiner soll behaupten, ich hätte es in irgendeiner Weise leichter gehabt, weil mein Halbbruder der Bundeskanzler ist.

Den Leser wird dieses kleine Buch hoffentlich freuen, er wird sich über unsere gemeinsame Kindheit amüsieren und er wird sicher bisher unbekannte Details über Gerhard Schröder erfahren. Aber ich bin auch kritisch meinem Halbbruder und seiner Politik gegenüber, denn mit vielem bin ich nicht einverstanden. Gerhard wird das Buch deshalb vielleicht an manchen Stellen mit verärgerter Miene lesen.

Ganz besonders danken möchte ich Ernest Buck, der mir half, dieses Buch zu schreiben. Ich würde nie im Leben so tun, als könnte ich so etwas alleine – deshalb steht Ernest auch mit vorn auf dem Buchumschlag und ist kein versteckter Ghostwriter. Ohne Ernest gäbe es dieses Buch nicht! Aber Sie, liebe Leser, können sich zu hundert Prozent darauf verlassen: Alles, was in diesem Buch steht, habe ich ihm so erzählt, er hat nichts hinzuerfunden oder weggelassen, und es ist von vorne bis hinten wahr: Mein Leben, meine Geschichte, meine Biografie!

Im Herbst 2004

Lothar Vosseler

1. KAPITEL

Kinder- und Jugendtage mit Gerhard »Acker« Schröder

EIN KINDERZIMMER WIE EINE KLOSTERZELLE

Zwölf Jahre meines Lebens habe ich mit meinem Halbbruder in einem Zimmer geschlafen und den größten Teil der Freizeit verbracht. Das Umfeld, in dem wir aufwuchsen, war eine Bauernhoftristesse, an der das Wirtschaftswunder vorbeigegangen war. Auf dem weiten Land lebten wir in ärmlichen Verhältnissen, und zwischen den Kindern der reichen Bauern unseres Heimatortes fühlten wir uns oft nur als geduldete Gäste. Aber auch wir wollten anerkannt und verstanden werden, nicht nur von den Spielkameraden. Wir wuchsen in einer Familie ohne Vater auf, in einer Patchwork-Familie, wie man heute sagen würde. Gerhards Vater war im Krieg gefallen, mein Vater lag bis zu seinem Tode fast ausschließlich mit Tuberkulose im Krankenhaus.

Schnell lernten wir, dass man die Anerkennung anderer Menschen nur aufgrund von außergewöhnlichen Leistungen und Erfolgen bekommt. Besonders Gerhard hat das schon als Kind sehr schnell begriffen. Leistung und Erfolg wurden für ihn zur fast fanatischen Lebensmaxime. Und so wurde er zu einem Kämpfer, der zwar mit fairen Mitteln, aber unerbittlich und gnadenlos seine selbst gesteckten hohen Ziele um jeden Preis erreichen will und oft auch erreicht.

Wir lebten als Kinder und Jugendliche mit unserer Mutter in einem ehemaligen, kurz vor dem Zerfall stehenden Gesindefachwerkhaus auf einem abgelegenen Bauernhof, in einem kleinen Dorf namens Talle. Der eigentlich sehr schöne und sehr große Hof hingegen wurde von der Familie des Bauern, den man fast als vermögend bezeichnen konnte, und dessen Vieh bewohnt, von Hühnern, Gänsen und Milchrindern. Der Anbau von Rüben, Getreide und anderen Feldfrüchten war ebenfalls ein Erwerbszweig des Bauern. Unser Domizil befand sich zwar auf dem Bauernhof, aber es war, wie es sich für Gesindehäuser gehörte, etwas abseits gelegen von dem gepflegten, schönen und sehr großen Bauernhaus. Talle selbst war ein kleines, ver-

Tel. 05 51 / 495 42 - 0 | Fax 495 42 - 10
Düstere Eichenweg 35 | 37073 Göttingen
E-Mail: info@zahnkultur-jhm.de

ZAHNÄRZTE
Jablonski Heukrodt Matthies

Patient ______________________________

Sitzg.	Art der Behandlung	Wer	Dauer in Min.	Datum / Uhrzeit
1.		ZA		10.02.
		ZMF		9⁰⁰
mind. _________ Tage Abstand				
2.		ZA		/
		ZMF		/
mind. _________ Tage Abstand				
3.		ZA		/
		ZMF		/
mind. _________ Tage Abstand				
4.		ZA		/
		ZMF		/

Sehr verehrter Patient! Ich möchte Ihre Behandlung in Ruhe, ohne Zeitdruck, zu einem festen Zeitpunkt, innerhalb eines bestimmten Zeitraumes, durchführen. Sie werden daher gebeten, die Bestellzeit einzuhalten. Im Verhinderungsfall treffen Sie bitte spätestens am Tag vorher eine neue Terminvereinbarung, um in dieser Zeit einem anderen Patienten die Behandlung zu ermöglichen. Wird die reservierte Zeit nicht rechtzeitig zur Verwendung für andere Patienten freigegeben, kann sie im allgemeinen nicht kostenkompensierend genutzt und muß daher in Rechnung gestellt werden.

www.zahnkultur-jhm.de

schlafenes Dorf, in dem es einige Großbauern gab, viele, viele Wiesen und noch mehr Natur. Den Mittelpunkt des Ortes bildete für die Dorfjugend der Fußballplatz des TUS Talle. Neben dem Bolzplatz befand sich die obligatorische, sehr rustikale und urige Dorfkneipe. Das Gesindehaus, in dem wir lebten, hatte wirklich schon bessere Zeiten gesehen. Eigentlich war es reif für den Abbruchbagger. Für uns war es unser Zuhause. Immer waren dringende Reparaturen zu erledigen, aber der Vermieter ignorierte diese Zustände, und Mutter fehlte das Geld.

Um als allein erziehende Mutter ihre ganze Familie durchzubringen, hatte sie mehrere Stellen als Haushaltshilfe angenommen, aber das Geld reichte nur knapp zum Leben. Für unser leibliches Wohl war aber durch den Fleiß unserer Mutter und ihre sparsame Haushaltsführung immer gesorgt. Sie konnte wie eine Löwin für das Wohlergehen ihrer Kinder kämpfen. Mein Halbbruder Gerhard gab ihr deswegen den liebevollen Spitznamen »Löwe«.

Das Bild unseres gemeinsamen, sehr kargen Kinderzimmers, das eher an eine Klosterzelle denken ließ, erscheint auch heute noch jeden Morgen nach dem Aufstehen vor meinem inneren Auge. Ein Bild des Horrors! Möbliert war unser winziges Jungenzimmer mit zwei uralten, knarrenden Holzbetten und zwei kurz vor dem Zusammenbruch stehenden alten Holzstühlen. Weitere Möbel gab es nicht, nicht einmal einen Kleiderschrank.

Durch ein sehr kleines Fenster fiel ein wenig Licht, durch die Risse im Rahmen und durch die unzähligen unverstopften Mauerfugen in der Wand pfiff der Wind. Natürlich gab es keine Wasserspülung in dem Haus, sondern ein Plumpsklo auf dem Hof. Jeder nächtliche Gang dorthin wurde zu einem Abenteuer. Wehe, man kam vom richtigen Weg ab oder stolperte über die unzähligen, frei herumlaufenden Hühner des Bauern, der unserer Mutter diese baufällige Behausung vermietet hatte.

Die Beleuchtung war so schlecht, dass wir oft zusätzlich noch eine Kerze auf den Weg zum Klo mitnahmen. Keiner wollte stolpern und in den Dreck fallen. Und Dreck jeder Art war auf dem Bauernhofgelände überall reichlich vorhanden. Vielleicht kommt daher der Satz von Gerhard: »Wir haben im Dreck gelebt, deshalb waren wir weniger krank!«

Die Einrichtung des Gesindehauses passte trotz aller kreativen Gestaltungsfähigkeiten und des Improvisationstalents unserer Mutter zum maroden Zustand des Gebäudes. Das ganze Haus war spartanisch ausgestattet, zwar funktionell ausreichend, aber wirklich nicht für einen Bericht in der Zeitschrift »Schöner Wohnen« geeignet. Das Sofa, die Stühle und Betten, der einzige Kleiderschrank im Haus, der sich im Schlafzimmer unserer Mutter befand – heute würden diese gebraucht gekauften Möbelstücke sofort auf dem Sperrmüll landen. Doch immerhin stand ein Radio im Wohnzimmer, unser Ohr hinaus in die Welt. Auch Bücher, wie zum Beispiel Karl May oder andere Literatur, die Kinder unseres Alters interessierte, hatten wir nicht. Eine Bibliothek war im näheren Umkreis auch nicht vorhanden. Gerhard und ich begannen deshalb erst sehr spät, Bücher zu lesen, dann aber umso mehr.

Die einzige Waschgelegenheit für die ganze Familie befand sich in der Küche. Ein winziges Becken aus Emaille diente sowohl zum Geschirrspülen als auch der Körperpflege. Eiskaltes Wasser aus der Leitung gehörte zum täglichen Abhärtungsprogramm. Einmal wöchentlich wurde Wasser warm gemacht und wir wuschen uns die Haare. Jedes Mal sah die Küche hinterher aus wie ein von einer Vandalenhorde ramponierter Friseurladen mit Wasserschaden. Das Wasser wurde auf einem ziemlich gefährlichen Gasherd erhitzt, der meist, wenn man das Streichholz dranhielt, mit einer kleineren Explosion die Flamme erzeugte. Auf diesem Herd wurde auch gekocht.

Eine zentrale Beheizung war für uns ein unerfüllbarer Traum. Es gab nur eine einzige Wärmequelle im gesamten zweigeschossigen Haus: einen uralten, aus der Vorkriegszeit stammenden Bullerofen. Er stand im Wohnzimmer und fraß Unmengen Kohle und Holz in sich hinein, um wenigstens einen Hauch von

Wärme zu erzeugen. Mit anderen Worten: Es war immer kalt, im Wohnzimmer eben nur etwas weniger. Der Rest des Hauses ließ im Winter den Eindruck entstehen, man lebe in der Antarktis. Doch für uns war dieses alte Fachwerkhaus mit seiner kargen Innenausstattung ein Zuhause, in dem wir leben mussten, aber auch leben konnten. Wir kannten nichts anderes.

Jeder Morgen begann in unserem Jungenzimmer mit demselben Theater. Der Wecker, der grundsätzlich neben meinem Bett auf dem kahlen Steinfußboden stand, riss zwar mich rechtzeitig aus dem Schlaf, aber nicht Gerhard, der ständig verschlief und den Tagesanfang ignorierte. Zwei Welten – sein Schlafbedürfnis auf der einen und die Schulpflicht auf der anderen Seite – prallten heftig aufeinander. Und ich war deswegen der Dumme!

Einen Großteil meiner kindlichen, später jugendlichen Kreativität musste ich, der jüngere Halbbruder, für die verschiedensten »Weckarien« einsetzen. Das Wegziehen der Bettdecke war noch die harmloseste, allerdings auch am wenigsten Erfolg versprechende Methode. Heftiges Kitzeln war schon wirkungsvoller, konnte aber auch der Anfang eines kleineren Handgemenges zwischen uns sein, denn Gerhard ist sehr kitzelig und reagierte auf solche Attacken ziemlich humorlos.

Besonders schwierig wurde es im Winter. Dann ähnelte unser Jungenzimmer einer Gefriertruhe. Raureif und Eiskristalle bedeckten die Zimmerwände. Außer in der Küche und im Wohnzimmer gab es im Haus überall einen Steinfußboden, der so kalt war, dass man fürchten musste festzufrieren. Die arktische Kälte war bloß unter den dicken Federbetten zu ertragen. Nur einen Zeh für einige Minuten unter der Bettdecke hervorzustrecken bedeutete, sich der Gefahr einer Erfrierung auszusetzen.

Vielleicht überstanden wir jede Kälteattacke relativ unbeschadet, weil wir die meiste Zeit des Jahres nackt schliefen und abgehärtet waren. Im Winter artete das Wecken meines Halbbruders regelmäßig in eine »Gerhard, der Braunbär im Winterschlaf«-Nummer aus! Ich musste als letzte Waffe dann die »Eiswasserdusche« einsetzen: Nach diesem Schock erwachte

Gerhard meist sofort, und seine Lebensgeister sprangen in wenigen Sekunden von Null auf Hundert.

Jeden Morgen nahmen diese Aktionen viel Zeit in Anspruch, und es war immer Hektik angesagt, damit wir rechtzeitig zum Stundenbeginn in der Schule ankamen. Unsere Kleidung lag griffbereit auf den beiden Stühlen, sich in kürzester Zeit anzuziehen war reine Routine. Bei Kälte im Winter sogar in rekordverdächtiger Zeit. Mit der schnellen Anziehnummer könnten wir heute problemlos bei »Wetten, dass ..?« auftreten!

Wer zuerst am Waschbecken in der Küche war, hatte die Möglichkeit, sich in Ruhe zu waschen. Der deswegen täglich stattfindende Sprinterwettbewerb zwischen Gerhard und mir war eine sehr rüde Abart des Dorffußballs. Nur war es nicht der Kampf um den Ball, sondern um den begehrten ersten Platz am winzigen Emaillewaschbecken, der für den weiteren morgendlichen Ablauf am Frühstückstisch von enormer Bedeutung war. Es war ein männlicher Zweikampf, ohne Regeln und Schiedsrichter. Nicht ohne Grund hatte Gerhard schon damals von den Fußballkameraden den Spitznamen »Acker« verliehen bekommen. Auch bei solchen Handstreichen machte er seinem Spitznamen alle Ehre, und ich hatte deswegen regelmäßig einige blaue Flecken!

Katzenwäsche war üblich, wurde jedoch von der Mutter nicht gern gesehen. Die Lösung war einfach. Einer von uns lenkte Mutter ab, der andere machte sich unbeobachtet an die Katzenwäsche. Die meiste Zeit verbrachte Gerhard, der damals schon etwas eitel war, damit, seine Haarpracht akribisch zu kämmen. Damit raubte er mir, dem Wartenden, den letzten Nerv. Zuerst am Becken und damit als Erster mit dem Waschen fertig zu sein, bedeutete auch den ersten Platz am von Mutter gedeckten Frühstückstisch.

»Erst waschen, dann Frühstück«, lautete die Regel unserer Mutter. Zugleich bedeutete es auch die Gewähr der ersten Wahl an Wurst, Margarine, Kaffeeersatzgetränk und vielleicht eine zusätzliche, in Ruhe verzehrte Brotstulle. Das Gerangel um die

Köstlichkeiten gewann meistens Gerhard. Er war eben schon damals zielbewusster, trickreicher und vor allem durchsetzungsfähiger. Ich hatte meist das Nachsehen und raste mit der Stulle in der Hand hinter Gerhard her, in Richtung Landstraße. Der Schulweg betrug drei Kilometer. Ein Schulbus fuhr nicht, also mussten wir zu Fuß gehen, egal ob es stürmte, regnete oder schneite. In der Regel holten wir die durch Acker verschuldete Verspätung wieder auf.

Gerhard hatte den Nutzen von fremden Ressourcen für eigene, persönliche Zwecke schon damals zielsicher erkannt. Seine Künste als Anhalter von Treckern, Lastwagen und anderen Fahrzeugen, die, meist von mürrischen Fahrern gesteuert, auf der Landstraße vorbeifuhren, waren legendär.

Wir gingen schnellen Schrittes Richtung Nachbardorf, das die Schule beherbergte. Wie ein hungriger Habicht auf Beutesuche erwartete Gerhard das nächste herannahende Fahrzeug. Hörte oder sah er eines, nahm er am Straßenrand mit einem Gesicht, das Mitleid erzeugen musste, Aufstellung, hielt beide Hände nach oben gen Himmel und winkte, als wäre ein tragischer Notfall eingetreten. Immer, wenn ein Fahrzeug hielt, hatte Gerhard eigentlich schon gewonnen. Mit Dackelaugen überzeugte er den Fahrer davon, dass wir wegen der bald beginnenden Schulstunde und unserer Verspätung in einer äußerst prekären Situation seien. Seine Geschichten waren stets rührselig, überzeugend und herzergreifend.

Es gab aber auch Tage, da klappte diese Technik nicht. Gerhard kochte dann vor Wut über die sturen, unsozialen Fahrer. In solchen Augenblicken fehlte nur noch, er hätte sich auf die Straße geworfen, direkt vor einen Trecker oder Lastwagen!

KAMIKAZE AUF ROLLSCHUHEN

Im Gegensatz zu den Kindern der meist vermögenden Bauern von Talle besaßen wir als Kinder aus ärmlichen Verhältnissen keine Fahrräder. Diese hätten den langen Schulweg natürlich erträglicher gemacht. Doch obwohl unsere Mutter es immer schaffte, für unser leibliches Wohl zu sorgen, große Anschaffungen, wie etwa gebrauchte Fahrräder, waren absolut unmöglich und im Etat nicht vorgesehen. Mit Defiziten in der Haushaltskasse müsste sich Gerhard von daher gut auskennen und mit ihnen umgehen können!

Eines Tages jedoch kam Mutter auf die Idee, meinem Bruder und mir trotz akuter Geldnot als Fortbewegungsmittel Rollschuhe zu kaufen. Schließlich lebten wir fast am Ende der Welt, und in der weiteren Umgebung gab es noch viel zu entdecken. Unser Image bei den Spielkameraden stieg gewaltig.

Nun waren wir nicht mehr auf eine Mitfahrgelegenheit oder die alleinigen Dienste unserer Füße angewiesen. Die zwar gebrauchten, doch funktionstüchtigen Rollschuhe der Marke »Hudora«, ausgestattet mit massiven Stahlrollen, die man unter die Straßenschuhe schnallte, waren unser ganzer Stolz. Wir putzten die Stahlrollen und anderen Metallteile, bis diese in der Sonne glänzten. Mit Akribie und voller Hingabe fetteten wir die Rollenlager, und schließlich waren nach etlichen Stunden aus normalen Rollschuhen »Rennrollschuhe« geworden. Die hügelige Umgebung des Bauernhofs, auf dem wir lebten, wurde zur Teststrecke.

Schnell hatten wir den Bogen raus und wurden zur ultimativen Bedrohung für Hühner und andere Tiere, die unseren Weg kreuzten. Gerhard versuchte immer, Geschwindigkeitsrekorde aufzustellen. In gebückter Haltung, die Arme eng an den Körper gepresst, raste er die Hügel, die Landstraße und abschüssige Wege jeder Art hinunter. Seine Kurventechnik war einfach genial. Einige Wochen später wurde ihm dieser Geschwindigkeitswahn beinahe zum Verhängnis.

Der Schulweg ging teilweise herrlich steil bergab. Wie zwei Kamikazeflieger rasten wir bei jedem Wetter allmorgendlich in Richtung Nachbardorf und Schule. Unsere Rollschuhe leisteten fantastische Dienste: Umweltminister Trittin hätte heute bestimmt seine Freude an diesem kindlichen, aus der Not geborenen, unfreiwilligen Umweltbewusstsein gehabt – aber ein Kanzler auf Rollschuhen ist nur schwer vorstellbar.

Ein Crash von Gerhard bei einer Bergabfahrt zur Schule versetzte uns jedoch schon bald wieder in die Rolle der Anhalter beziehungsweise der langsamen Fußgänger zurück: Es gab auf der Strecke zwar kaum Kurven, aber überall Weideausfahrten, aus denen oft Trecker und andere Fahrzeuge auf die Landstraße einbogen. Da abruptes Bremsen bei hoher Geschwindigkeit mit Rollschuhen fast unmöglich ist, war ein Aufprall oder Unfall eigentlich vorhersehbar. Wie immer war Gerhard mir als »Rollschuhrennfahrerpilot in vorbildlicher Rennhaltung« ein gutes Stück auf der Landstraße voraus. Er hatte gerade eine kleine Hügelkuppe überquert und bergab einen Affenzahn drauf, als aus einer Ausfahrt plötzlich ein Trecker mit Mistanhänger auf die Straße bog.

Es gab für Gerhard nur drei Möglichkeiten: Er konnte sich aus voller Fahrt flach wie eine Flunder, mit dem Risiko tiefer Schürfwunden, auf die Straße werfen; er konnte in den Weidezaun kacheln, was ebenfalls sehr schmerzhafte Konsequenzen gehabt hätte; oder er konnte versuchen, das Hindernis irgendwie zu umkurven. Ich war froh, gerade auf der Kuppe angekommen zu sein, und während der beginnenden Bergabfahrt noch die Geschwindigkeit verringern zu können und zum Stehen zu kommen, bevor ich Augenzeuge des Landstraßen-Rollschuhdramas wurde. Ich konnte kaum hinsehen!

Gerhard entschied sich mutig für die dritte Alternative. Um die Geschwindigkeit zu drosseln, wirbelte er mit seinen Armen wie eine durchgedrehte Windmühle gegen die Fahrtrichtung und lehnte sich so weit wie möglich mit seinem Körper zurück. Der Treckerfahrer sah voller Schreck das Rennrollschuhgeschoss namens Gerhard auf sich zukommen. Er gab Gas und fuhr den Traktor in den Graben, aber nun versperrte der vollgeladene Anhänger die gesamte Landstraße. Für Gerhard gab es keine Chance mehr zum Ausweichen.

Er drehte vorsichtig seine Rollschuhe gegen die Fahrtrichtung, um zu bremsen. Funken stoben zur Seite, doch der Aufprall war nicht mehr zu vermeiden. Er riss die Arme schützend vor das Gesicht und krachte gegen die Seitenwand des Fahrzeuges. Mein Bruder klebte wie eine tote Fliege am Anhänger und rührte sich nicht. Mist rieselte auf ihn herab, und ich dachte nur noch: »Sofort einen Krankenwagen rufen! Und wie erkläre ich es Mutter?« Der Bauer stand derweil mit bleichem, erschrockenem Gesicht neben mir und blickte skeptisch auf die neue Seitenwandverzierung seines Gefährts. Wie ich war er voller Sorge um den Bruchpiloten, der langsam in dem Schweinedung versank.

Aber ein echter Gerhard Schröder kann einiges an Unglück einstecken, selbst Schweinedung, Eierwurfattacken und noch schlimmere Katastrophen. Langsam, wie in Zeitlupe, rappelte er sich unter dem Mist hervor, und seine ganze Sorge galt seinen »Hudora«-Rollschuhen und der verdreckten Kleidung. Verletzt war er nicht, er war mit einigen unbedeutenden Schrammen davongekommen. Nur der Mistgeruch war unerträglich!

Als ob überhaupt nichts passiert wäre, wollte er sofort weiter, damit wir den Anfang der ersten Schulstunde nicht verpassten. Aber wir hatten die Rechnung ohne den wütenden Bauern gemacht. Der schimpfte mit uns Rabauken und war der Meinung, wir sollten den herabgefallenen Mist mit einer Forke nun auch wieder auf den Anhänger wuchten. Ein kurzes Augenzwinkern zwischen Gerhard und mir genügte als Verständigungszeichen. Der Bauer erlebte einen traumhaften Katapultstart auf Rollschuhen. Weg waren wir und schossen erneut die Landstraße hinab. Noch von weither hörten wir die Schimpftiraden des Bauern.

Nach diesem Unfall hatten sich die Rollschuhfahrten zur Schule erst mal erledigt. Unsere Mutter verbot sie uns und Gerhard wurde endgültig zum »Anhalterkönig«. Erst nach langem Bitten und zahlreichen Beteuerungen, von nun an vorsichtiger zu sein, erhielten wir die Rollschuhe zurück.

Wenn wir das Gebäude der Dorfschule erreichten, verwandelte sich Gerhard in Sekundenschnelle in einen Musterschüler. Nur nicht anecken, bloß nicht auffallen und in der Sicherheit der Schülermasse untertauchen, war seine Devise. Seine ausgeprägte Fähigkeit, die Gunst der Lehrer durch gute Noten zu gewinnen und den Primus zu geben, war absolut bemerkenswert. Nie verunzierten Eselsohren seine Schulhefte, fanden sich Flecken darin oder herrschte an seinem Schultisch Unordnung. Alles wurde den strengen Lehreraugen akkurat und fast pedantisch präsentiert.

Acker – ich nenne den Kanzler noch heute bei seinem Spitznamen – verfügte schon damals über einen gewinnenden Charme und über die Fähigkeit, eine Unschuldsmiene aufzusetzen, der niemand widerstehen konnte. Als Kanzler hat er diese »Kunst« noch perfektioniert, für den Fall, dass er sich mit politischen Problemen, gescheiterten Gesetzen, mit Fehlern seiner Regierungsmannschaft oder eines Ministers vor der Öffentlichkeit oder Presse befassen muss. Unbändiger Ehrgeiz war schon damals seine Triebfeder. Er wollte immer der Beste sein, Anerkennung und Ansehen bei Lehrern und den anderen Schülern gewinnen. Es gab damals Mitschüler, die in Acker schlicht und ergreifend einen Streber sahen, aber das focht ihn nie an: Er hatte eben seine Ziele und ließ sich von niemandem davon abbringen.

Es gab aber auch Schulfächer, bei denen sein diplomatisches Geschick, seine Lernbesessenheit und sein enormer Ehrgeiz überhaupt nichts nützten. Seine ausgeprägte Anpassungsfähigkeit gegenüber Stärkeren und Mächtigeren – in diesem Falle den Lehrern – und seine fanatische Zielstrebigkeit versagten als Mittel für bessere Noten in einigen Fächern vollkommen. Seine kaum zu entziffernde Handschrift, seine »Sauklaue«, verbaute ihm die ohnehin nur geringe Chance auf eine gute Note in Literatur schon im Ansatz. Seine Krakelschrift stellte die Lehrer bei Aufsätzen und Diktaten vor eine kaum lösbare Aufgabe. Bis heute ist seine Schrift nur sehr schwer zu entziffern.

Auch Gesang, Musik und Kunst waren Schulfächer, in denen Acker total versagte und sich trotz aller Anstrengungen oft gnadenlos blamierte. Er war und ist eben kein musischer Typ, ganz im Gegenteil. Vor allem im Gesangsunterricht fiel er durch einen bemerkenswerten Mangel an Musikalität auf und die Unfähigkeit, einen Ton auch nur annährend zu treffen. Nicht nur den Lehrern, sondern auch den anderen Schülern schmerzten nach seinen Gesansgeinlagen heftig die Trommelfelle.

Noch heute schmettert er voller Inbrunst seinen Lieblingstitel, die »Caprifischer« von Rudi Schuricke, in den grausamsten Tönen. Er ruiniert damit auch heute noch in Sekundenschnelle fast jede Familienfeier. Außer der Nationalhymne ist diese Schnulze wohl das einzige Gesangsstück, dessen Textpassagen er auswendig kennt. Ich frage mich oft, wie er es schafft, bei Staatsbesuchen oder anderen öffentlichen Anlässen die Nationalhymne zu singen, ohne dass anwesende Personen oder gar Staatsoberhäupter nach den ersten Tönen aus seinem Mund sofort die Flucht ergreifen.

Wenigstens gelingt ihm heute der staatsmännische Spagat zwischen pompösen Opernbesuchen und der Gerhard-Schröder-Dorfgesangsversion der »Caprifischer«. Ob er seinen Freund, den russischen Präsidenten Putin, auch schon mit seiner Version dieser Schnulze gequält hat? Oder benutzt er sie sogar während der Kabinettsitzungen als Waffe gegen renitente Minister, die ihm und seinen politischen Ideen nicht zustimmen? Wolfgang Clement mit Ohrstöpseln – ein herrliches Bild! Schon komisch, wenn ich den amusischen Acker heute im Fernsehen sehe, wie er vor einem Opernhaus oder einer Kunstausstellung posiert.

Übrigens war Gerhard schon als Schuljunge davon überzeugt, dass er eines Tages einen Doktortitel tragen würde. Trotz aller Erfolge als Anwalt und Politiker hat es aber immer nur zu Ehrendoktortiteln gereicht. Nicht ärgern, Acker! That's life!

Wenn wir nach dem mörderisch langen Schulweg wieder in Talle ankamen, stand immer schon das Essen auf dem Tisch. Mutter schaffte es trotz ihrer diversen Arbeitsstellen als Haushaltshilfe immer, uns etwas zu kochen. Sie war ein Organisationstalent. Gut, es gab öfter als uns lieb war die gefürchtete Steckrübenpampe, aber Hunger litten wir nie. Fleisch gab es selten, aber wenn, dann als deftige Hausmannskost.

Nach dem Essen waren die gemeinsamen Schularbeiten angesagt, eine zumeist etwas chaotische Angelegenheit, denn draußen wartete die spannende Freizeitwelt der Wiesen, Weiden, Wälder und Hügel auf uns. Dem Musterschüler Gerhard gelang bei den Hausaufgaben ein perfektes Rationalisierungswunder. Er wusste genau, in welchen Fächern er etwas mehr Einsatz für die nötigen guten Noten zeigen musste und wo er etwas nachlässiger arbeiten konnte. Die Fähigkeit, Prioritäten zu setzen, besaß er bereits damals. Er konnte mit zielsicherem Blick für das absolut Notwendige jedes gesteckte Ziel erreichen.

In der Wirtschaft nennt man das Effizienz. Acker beherrschte virtuos die Kunst des effizienten Haushaltens mit der eigenen Kraft. Damit wir schneller unsere Freizeit genießen konnten, half er mir, wenn ich mit meinen Aufgaben nicht weiterkam. Dies glich sich aber aus, da ich in der grundsätzlich gemeinsam verlebten freien Zeit für ihn des Öfteren als »Problemlöser« einsprang. Wir waren ein Team wie Bud Spencer und Terence Hill. Ich war als Bud Spencer für die frontalen Angriffe zuständig, während Acker, der trickreiche und etwas verschlagene Protagonist Terence Hill, nur im äußersten Notfall eingriff.

DAS HB-MÄNNCHEN

Fast jeden zweiten oder dritten Tag in der Woche steckte unsere Mutter Acker und mir für unseren Schulweg auch noch den Einkaufszettel in den Ranzen. Die nächste Einkaufsmöglichkeit war ein herrlich ungeordneter Tante-Emma-Laden im Nachbarort, wo wir auch zur Schule gingen. In Talle selbst gab es keine Einkaufsmöglichkeit, und Supermärkte waren damals noch gänzlich unbekannt. In Talle und Umgebung kaufte man eben noch im echten Dorfladen ein. Dieser war nun leider fast zwei Kilometer entfernt, also waren wir als Rollschuheinkaufsboten gefragt.

Mein Vater lag als Dauerpatient mit einer schweren Tuberkulose, die er in russischer Kriegsgefangenschaft bekommen hatte, in der Klinik. Meine Mutter schrieb also häufiger auch Dinge auf den Einkaufszettel, die sie meinem Vater ins Krankenhaus mitnehmen wollte. Die Versorgung im Hospital war wirklich nicht optimal, und einen Kiosk gab es auch nicht. Also war mein kranker Vater auf die vielfältigen Liebesgaben meiner Mutter angewiesen. Sie brachte ihm nicht nur Obst und andere gesunde Dinge in die Klinik. Nein, etwas anderes war für meinen lungenkranken Vater viel wichtiger. Obwohl er eine Tuberkulose hatte, konnte er sich das Rauchen trotz aller Ermahnungen der Ärzte einfach nicht abgewöhnen und quälte seine strapazierte Lunge weiterhin.

So schrieb meine Mutter auch immer einige Schachteln HB-Zigaretten auf den Einkaufszettel, die sie dann später meinem Vater zum Krankenbesuch mitnahm. Nach der Schule düsten wir auf unseren Rennrollschuhen immer zu dem Tante-Emma-Laden, unserem dörflichen Einkaufsparadies. Unsere Ranzen wurden nun zu Einkaufstaschen und füllten sich mit den täglichen Bedarfsartikeln für den Haushalt und mit Lebensmitteln.

Damals war Vertrauen zum Kunden noch normal. Die Leute kannten einander, also wurde angeschrieben in einer großen Kladde und dann später abgerechnet. Daher musste unsere Mutter uns nie das Einkaufsgeld mitgeben. Sie rechnete mit der Ladeninhaberin entweder wöchentlich oder sogar monatlich ab und bezahlte die aufgelaufene Rechnung aus der großen Anschreibkladde. Als Überprüfungsmöglichkeit waren die Einkaufszettel nicht mehr vorhanden – warum auch? Natürlich vertraute unsere Mutter der Ladeninhaberin und war überzeugt, dass nie Dinge auf der Rechnung standen, die sie nicht auf unseren Einkaufszettel geschrieben und auch erhalten hatte. Die Besitzerin, eine knochenehrliche Frau, war also nicht die Schuldige, wenn die Rechnung nicht stimmte, aber leider wir. Dies hatte auch einen plausiblen Grund.

Mein Vater rauchte nur HB, das war seine Marke und mit etwas anderem durfte meine Mutter ihm nicht kommen. Also standen auf fast jedem Einkaufszettel auch einige Schachteln HB für meinen Vater, was wir als nicht schlecht, sondern sogar als richtig fürsorglich von unserer Mutter empfanden.

Sie hatte keine Ahnung, welchen Gefallen sie uns mit den Zigaretten auf dem Einkaufszettel tat. Als echte Rabauken rauchten wir natürlich schon, selbst Acker, aber unser Taschengeld reichte nie für die Glimmstängel. Und wie der Zufall so spielt, natürlich war HB auch unsere Lieblingsmarke, schon wegen der Werbung und weil mein Vater sie rauchte. Damals gab es diese Reklame, bei der das HB-Männchen an die Decke ging und nur durch den Genuss einer HB-Zigarette wieder normal wurde. Wir fühlten uns wie echte Männer, sozusagen als Taller HB-Männchen, wenn wir heimlich und stolz unsere Zigaretten pafften.

Wir fanden natürlich eine praktikable Lösung für den immer akuten Glimmstängelnotstand, die unserer armen Mutter bestimmt nicht gefallen und uns gewaltigen Ärger beschert hätte, wenn sie herausgekommen wäre. Mit Unschuldsmienen betraten wir, oft auf unseren Rollschuhen, den Tante-Emma-Laden. Höflich reichten wir der Ladeninhaberin den meist nicht gerade kurzen Einkaufszettel. Dann standen wir wie zwei Orgelpfeifen vor dem massiven Verkaufstresen. Das hintere Regal war ein geordnetes Chaos von Nudelpäckchen, Seifen jeder Art, losem Salz und Zucker in Holztrögen, Konserven mit den verschiedensten Inhalten und weiteren, heute so nicht mehr erhältlichen Dingen für das tägliche Leben. Der Tresen selbst war, wie der gesamte Laden, total zugestellt mit Waren der unterschiedlichsten Art. Streichholzschachtelberge türmten sich, herrliche lose Bonbons in Gläsern standen dort, unter Glasdeckeln lagen kleine Kuchen oder Gebäck; alles Dinge, die uns auch, aber nicht so brennend interessierten. Mehr Begierde weckte das wacklige Holzgestell mit den unzähligen Zigarettenpackungen.

Dort lagen auch die HB-Schachteln. Während nun die Besitzerin all die Dinge, die auf dem Einkaufszettel notiert waren, zusammensuchte und auf den Verkaufstresen stellte, kam unsere große Chance. Wir warteten, bis sie alle gewünschten Waren vor uns auf den Tresen gestellt hatte. Pedantisch überprüfte sie anhand des Einkaufszettels, ob sie nicht irgendetwas vergessen oder übersehen hatte.

Beiläufig erwähnten wir nun, dass sie bitte auch noch zwei, drei Schachteln Zigaretten mehr auf den Tresen legen möge, da unsere Mutter unserem Vater doch mehr davon mit ins Krankenhaus bringen wolle. Dies hätte sie nur vergessen, auf den Einkaufszettel zu schreiben, dafür habe sie es uns nachträglich noch gesagt. So versorgten wir uns mit Gratiszigaretten – gratis aus unserer Sicht!

Die Ladeninhaberin wurde überhaupt nicht misstrauisch, schließlich zahlte meine Mutter immer pünktlich und ohne Beanstandung die aufgelaufenen Rechnungen, und dass wir beiden Rabauken die mehr georderten Zigaretten selber verbrauchen würden, kam ihr gar nicht in den Sinn. Sie legte also völlig arglos die von uns verlangten Zigarettenpackungen zu den anderen Dingen und schrieb sie in die große Abrechnungskladde. Akribisch notierte sie jedes Gramm Zucker, Mehl oder was sonst auf dem Zettel stand und von ihr zusammengestellt worden war. Das Datum des Einkaufstages stand zwar über der Abrechnungsliste, aber dahinter folgte eine ziemlich lange Zahlenkolonne: Die Zigarettenpackungen verschwanden im Meer der Gesamtrechnung.

Wir sammelten die eingekauften Dinge zusammen und packten unsere Ranzen voll. Auch die Zigaretten landeten erst mal in den Schultaschen. Zum Abschied bekamen wir natürlich, so artige Jungen wie wir waren, noch einige Bonbons mit auf den

Weg. Wir aber sahen zu, den Laden rasch zu verlassen. Auf unseren Rollschuhen flitzten wir weiter, bis die Landstraße einsamer wurde, kein Haus mehr in Sichtweite war. Nun kramten wir unsere Beute aus den Ranzen. Fair teilten wir die Zigaretten und pafften dann genüsslich in einem sicheren Versteck – und kamen uns sehr männlich vor.

Ob man es glaubt oder nicht: Der Schwindel flog nie auf. Erst als mein Vater an seiner Tuberkulose starb und deswegen keine Zigaretten mehr auf dem Einkaufszettel standen, war unsere »kostenlose« Zigarettenquelle erschöpft. Wir haben diese Untat natürlich nicht bei jedem Einkauf durchgezogen, sondern eigentlich eher selten. Den Trick zu häufig anzuwenden, wäre selbst in unseren Rabaukenaugen ein zu großer Betrug an der ohnehin nur schlecht gefüllten Haushaltskasse unserer Mutter gewesen. Außerdem hielt sich unser Tabakkonsum damals zum Glück noch in engen Grenzen.

WIPFELSPRINGEN UND GIPFELSTURM

Das »Wipfelspringen« über dem Abgrund war für Gerhard wahrscheinlich auch eine frühe Übung, um den ewigen Balanceakt seiner heutigen Politik zu überleben. Eine Tannenschonung in der Nähe eines Bauernhofes, aus der im Dezember die Weihnachtsbäume für den Ort geschlagen wurden, war Schauplatz dieser denkwürdigen sportlichen Betätigung.

Wir kletterten in Affenmanier die recht hohen Tannen bis zur Krone hinauf. Dann war seitliches Wippen angesagt. Die Tannen bogen sich und krachten dabei lautstark. Wenn die Schnell- und Katapultkraft reichte, hieß es loslassen und in die nächstgelegene Tannenspitze springen. Der Aufprall war meist heftig, und Tannennadeln bohrten sich in die Haut. Schlimmer war es, wenn eine der »Absprungkronen« brach. War man nicht schnell genug und konnte beim Flug in keinen anderen benachbarten

Wipfel greifen, landete man krachend auf dem Boden. Blaue Flecke und Schrammen waren garantiert.

Nach einem solchen Abenteuernachmittag gab es in der Schonung einige Tannen, die, ohne Krone und ziemlich zerzaust, nicht mehr als Weihnachtsbaum, sondern nur noch als Brennholz taugten. Dass wir in unseren Kindertagen den Baum für das Christfest grundsätzlich aus der Schonung klauten, versteht sich von selbst. Meine Mutter wusste nie, warum unsere Familie sich über so schöne Tannenbäume freuen konnte. Wir erfanden die tollsten Storys, warum und von wem wir sie geschenkt bekommen hatten.

Der zuständige Revierförster überraschte und jagte uns wegen der »Wipfelspringerei« einige Mal durch den Wald. Wir waren aber schneller und entkamen immer. Der Trick dabei war, dass wir uns trennten und der Förster meist mich, den Kleineren, vermeintlich Schwächeren, aber Schnelleren verfolgte. Wenn wir uns am vereinbarten Treffpunkt trafen, war ich als »Jagdopfer« total außer Atem und fix und fertig; Acker natürlich nicht. Für ihn war das ein relativ gefahrloses Spiel. Dieses Prinzip zog sich fast durch alle Jungenstreiche, die wir anzettelten.

Sommerzeit, Herbstzeit, Einweckzeit. Die Bauersfrauen kochten leckeres Obst und Gemüse ein und stellten die Gläser immer zum Abkühlen auf die Fensterbänke. Ein böser Fehler, wenn wir als Duo in der Nähe waren und diese herrliche Beute erspähten. Anschleichen und Zugreifen waren eins. Acker stand nur Schmiere und wartete auf mich und die Beute. Auch ein Prinzip, das sich nie änderte. Sein Argument, ich sei schneller beim Wegrennen, überzeugte mich zwar nicht, aber gegen seine rhetorischen Fähigkeiten hatte ich keine Chance. So gesehen war ich der erste Mensch dieser Republik, der sich den Argumenten des späteren Bundeskanzlers, ob diese nun richtig waren oder nicht, fügen musste und die eventuellen Folgen meist allein zu tragen hatte.

Mit unserer Jagdbeute kehrten wir nach Hause zurück und stellten die Einweckgläser, wenn wir den Inhalt nicht vorher schon verzehrt hatten, wie selbstverständlich auf den Küchentisch. Dass auf die Frage, woher wir sie hatten, keine ehrliche Antwort zu erwarten war, wusste unsere arme Mutter genau: Wahrscheinlich hätten wir Lausbuben ihr etwas von wundersam durch die Luft fliegenden Gläsern oder von materieller Entlohnung durch einen Bauern für härteste Feld- oder Stallarbeit erzählt. Also warum überhaupt fragen? Der Speisezettel der nächsten Tage war angereichert durch die süßen Konserven. Das soll nicht heißen, dass Mutter unsere Diebstähle unterstützt hätte; das Gegenteil war der Fall. Wenn sich jemand über uns beschwerte, hatten wir nichts zu lachen.

Ein kleines Beispiel gefällig? Dann muss ich jetzt die Geschichte von Acker und mir als Rotjacken, Brandstifter und Feuerbekämpfer erzählen.

Rote, am Bund eng sitzende Blousons waren damals der letzte Schrei. Wer eine solche Jacke nicht sein Eigen nennen konnte, war Außenseiter. Wir schwärmten von diesen Jacken wie von einem Sportwagen, besaßen aber keine. Unsere Mutter bemerkte natürlich unsere Notlage. Bis heute weiß ich nicht, wie viele Überstunden sie machte, um uns diesen, für damalige Verhältnisse nicht billigen Wunsch erfüllen zu können. Unsere Freude war riesig, als wir erstmals mit unseren roten Jacken durch das kleine Dorf Talle flanierten und die neidischen Blicke anderer Kinder auffingen. Die Jacken waren Sonntagskleidung, wurden von uns wie unsere Augäpfel gehütet und gepflegt. Normalerweise waren wir in kurzen Lederhosen und Pullovern unterwegs, und da wir, wie bereits beschrieben, abgehärtet waren, trugen wir die kurzen Hosen oft sogar im Winter.

Später wollten wir mit unseren roten Blousons auch in der Schule Eindruck schinden. Das gelang uns perfekt, bis wir eines Tages auf dem Weg von der Schule zurück nach Hause unseren fast rituellen Brandstifterstreich abzogen: Am Straßenrand wucherte trockenes Gras. Wir hatten immer Streichhölzer dabei, um einige Grasbüschel anzuzünden. An jenem Tag verlief alles anders als sonst. Das gesamte Gras und die Umgebung waren knochentrocken, und in irrer Geschwindigkeit breitete sich das Feuer aus. Die angrenzende, gerade gemähte Heuwiese begann bereits zu brennen. Bei Acker und mir brach Panik aus. Wir versuchten, das Feuer mit den Füßen auszutreten, was aus der Ferne wie die Regentänze von Medizinmännern ausgesehen haben muss. Der einzige Erfolg war, dass die Behaarung unserer Beine versengte, was höllisch schmerzte.

Das Feuer loderte inzwischen heftig und breitete sich aus. Ohne nachzudenken, zogen wir unsere Blousons aus und versuchten, mit ihnen das Feuer auszuschlagen, was uns nach harter Arbeit auch gelang. Außer einigen kleinen, unbedeutenden Glimmstellen, die wir mit den Schuhen löschen konnten, war die Gefahr gebannt. Völlig erschrocken und verzweifelt stellten wir aber fest, dass unsere Blousons durch die Brandbekämpfung total ruiniert waren. Sie hatten große Löcher, und ihre Farbe war von Rot ins Schwärzliche gewechselt.

Da war guter Rat teuer. Wenn unsere Mutter diese traurigen Überreste erblickte, würde es zu Recht gewaltigen Ärger geben. Die Angst vor der verständlichen Wut unserer Mutter wurde nicht kleiner, als wir erschrocken die ziemlich großflächigen Feuerschäden am Straßenrand und auf der Heuwiese betrachteten. Wir waren froh, dass es keine Zeugen unserer Missetat gab, und schlichen mit gesenktem Kopf und kruden Gedanken in Richtung Henkersstätte, sprich Mutters Küche. Dabei fragten wir uns nur eins: Welche Strafe würde unsere ansonsten immer ruhige, wirklich nie »schlagkräftige« Mutter für uns ersinnen?

Schuldbewusst standen wir, die armen Sünder, mit schwarzen, angeräucherten, zerlöcherten Blousons in den Händen vor ihr. Acker hielt sich hinter mir auf, getreu seinem Prinzip: Wer schneller wegrennen kann, gehört in die Schusslinie. Unsere Mutter schwieg lange – kein gutes Zeichen. Acker lächelte nervös und versuchte, seine Unschuldsmiene zu präsentieren.

Der Körper meiner Mutter spannte sich, und ab ging die Hatz um den zum Glück recht großen und massiven Küchentisch. Acker war zuerst immer vor mir und benutzte mich wie gehabt als Schutzschild gegen die uns hinterherrasende, sehr wütende Mutter. Ich rannte in irrem Tempo immer um den Küchentisch herum, meine Mutter dicht hinter mir.

Acker hingegen, wie schon gesagt, nicht der Schnellste, nutzte diese Situation und versteckte sich in der Ecke neben dem Herd, um mein Elend von dort aus zu beobachten. Meine Mutter hatte sich auf meine Person fokussiert, da ich ohne jede Fluchtplanung immer noch wie aufgedreht um den Küchentisch spurtete und ihren Atem im Nacken spürte.

Einige Minuten später endete der mütterliche Wutausbruch wie fast immer, wenn wir etwas verbrochen hatten. Meine Mutter blieb plötzlich schwer atmend stehen. Ein Lächeln, wie es nur liebende Mütter aus tiefster Seele hervorzaubern können, umspielte ihre Mundwinkel, und wir wussten, sie hatte uns verziehen, ihre Wut war fast verraucht. Danach haben wir nie wieder am Straßenrand gezündelt, zumindest ich nicht!

WIE BRINGT MAN EINEN ZUCHTBULLEN ZUM TANZEN?

Der ewige Taschengeldmangel zwang Acker und mich, bei den Bauern in Talle und Umgebung Stallarbeiten zu verrichten. Wir misteten Ställe aus, versanken bis zu den Knien in Kuhscheiße, die dreckigen Kuhschwänze knallten uns dabei nur so um die Ohren und ins Gesicht. Heerscharen von Fliegen umsummten uns, nisteten sich als unerwünschte Untermieter in Klamotten und Nasenlöchern ein, oft kreuzten dicke Ratten unseren Weg. Oder wir fielen mitsamt hoch beladener Schubkarre beim Ausladen derselben von einem riesigen Misthaufen. Ansonsten aber war diese Arbeit, gemessen an unseren Lebensumständen, durchaus akzeptabel.

Es kam sogar öfter vor, dass sich ein Huhn in der Nacht den Rinderstall zur Eiablage ausgesucht hatte und wir leckere Eier im Mist fanden. Wir brauchten Taschengeld und waren bereit, dafür zu schuften und auch derbe Dinge zu ertragen. Uns blieb schließlich keine andere Wahl, entweder ab in die Kuhscheiße oder weiterhin Ebbe in der Taschengeldkasse.

Einige, ja die meisten Ställe, die damals für die Rinderhaltung genutzt wurden, würde man heute sofort wegen Umweltgefährdung und Verletzung der Tierschutzgesetze schließen. Der Urin der Rinder floss aus den Ställen in kleinen Bächen unkontrolliert über die Höfe und oft in die Wassergräben auf den Weiden. Die riesigen, zumeist ungesicherten, einfach auf dem Hofgelände platzierten Misthaufen waren Tummelplätze für diverses Ungeziefer. Die Ställe waren dunkel, muffig, total verdreckt und hatten teilweise schon jahrelang keine Farbe oder keine Grundreinigung mehr erlebt. Es stank in ihnen zum Gotterbarmen. Wenn man frühmorgens einen Stall betreten musste, war es besser, vorher nicht zu ausgiebig gefrühstückt zu haben. Die Gerüche, die einem beim ersten Öffnen der Türen nach der Nacht entgegenschlugen, waren nicht gerade magenschleimhautfreundlich ...

Die erste »Amtshandlung« war grundsätzlich, in höchster Eile sofort alle Türen und Fenster aufzureißen, sonst drohte beinahe der Erstickungstod. Wenigstens ein Hauch von frischer Luft war unbedingt nötig, damit Menschen überhaupt in den Ställen arbeiten, sie gefahrlos betreten konnten. Im Winter wurde es dann noch schlimmer, denn wegen der Kälte konnte man nur bedingt Zugluft erzeugen. Man stand dann total im Mief, weil die Kühe aus den Stallungen ja nicht herauskamen, schlicht und ergreifend immer schlimmer vor sich hinstanken sowie in mehreren Krusten verdreckt waren. Das war dann für uns die absolute Schinderei und eine ultimative Belastungsprobe für Nase, Bronchien, Hals und die Gesundheit überhaupt. Aber wir waren ja zum Glück abgehärtet! Eigentlich hätten wir in einigen Ställen Gasmasken und Schutzkleidung benötigt!

Der Taschengeldjob begann mit dem Ausmisten. Berge von auf den Schleimhäuten brennendem, bestialisch stinkendem Mist lagen überall verstreut, und zwar vor allem zwischen den

Rindviechern. Sie mussten so schnell wie möglich entfernt werden. Die Kühe wiederum warteten darauf, gemolken und gefüttert zu werden. Also herrschte immer eine große Unruhe bei den Tieren, was das Ausmisten nicht gerade vereinfachte. Schnelligkeit war also angesagt, wenn man zwischen den Rindern herumsprang, den Mist unter ihnen und zwischen den Boxen herauskratzte und auf die Schubkarren lud – und dies alles möglichst, ohne sich zu verletzen, ohne mit einer aufgedrehten Kuh zu kollidieren und ohne andauernd die Mistkarre umzuwerfen.

War der Mist endlich draußen und dampfte stinkend auf dem Misthaufen, kam die neue Einstreu dran. Vom Strohboden flog das Stroh. Meist wurde der kräftige Acker zum Strohwerfer. In Windeseile wurde nun den Kühen ein neues, sauberes Strohbett bereitet. Acker war wirklich ein begnadeter Strohwerfer. Aufgrund seiner hohen Geschwindigkeit verschüttete er mich oft unter nicht gerade kleinen Bergen von kratzendem, muffigen Stroh. Mich juckte es dann immer gnadenlos und lange am ganzen Körper, da der Strohstaub jede Öffnung der Kleidung durchdrang und sich in jeder Körperöffnung festsetzte. Danach begannen das Füttern und Melken.

Künstliche Besamung von Rindern war damals noch relativ unbekannt, und so hielten sich einige Bauern riesige, teilweise echt gefährliche Zuchtbullen. Für uns Kinder waren diese äußerst lebendigen Monster extrem interessant, aber wir wussten natürlich auch um ihre Gefährlichkeit. Es galt als sehr mutig, wenn man es wagte, den Stallplatz eines Zuchtbullen auszumisten, vom direkten Füttern in der Box gar nicht zu reden. Beim Ausmisten hatte man wenigstens noch eine Mistforke in der Hand, konnte damit zur Not zustechen und den »Feind« abwehren, aber beim Füttern stand man den Rinderriesen schutzlos Auge in Auge gegenüber. Oft rissen diese aus purer Aggressivität und trotz der massiven Nasenringe an kräftigen Seilen, die zum Glück meist hielten. Oder sie schlugen gezielt aus und versuchten einen mit ihrem ungeheuren Gewicht an die nächste Wand zu drücken. Neben den Zuchtbullen waren wir als Kinder Zwerge.

Zum Decken wurden die Kühe noch zum Bullen gebracht, damit der Kälbernachwuchs und der Milchstrom gesichert waren. Bullen waren also auf den Höfen noch in großer Zahl vorhanden, eine absolute Notwendigkeit für die gesamte Rinderzucht. Das hieß natürlicher Deckakt im Stall, seltener auf dem Deckstand oder sogar auf der Weide.

Dieses Schauspiel ließen wir uns fast nie entgehen. Wir wussten aufgrund der Entfernung, die wir wegen der Bauern oder Knechte einhalten mussten, zwar nicht genau, was dort nun detailliert passierte, aber die riesigen Rinder faszinierten uns. Die Bauern, die einen prämierten oder außergewöhnlich guten Zuchtbullen ihr Eigentum nannten, bekamen von den anderen Bauern, die ihre Kühe brachten, eine Decktaxe, verdienten durch die Potenz der Bullen auch noch Geld. Sie kämpften verbissen gegeneinander um das Image, den potentesten Zuchtbullen mit der höchsten Deckungsrate und den besten Vererbungsmerkmalen zu besitzen.

Die Rinderställe selber waren meist sehr primitiv, die Stellplätze der Kühe nicht mit Stahlbarrieren wie heute gesichert, Melkanlagen auch noch fast unbekannt. Oft standen die Zuchtbullen inmitten der Kühe, waren nur mit Nasenring und massivem Seil gesichert. Wurde eine Kuh im Stall bullig, roch dies der Zuchtbulle sofort, und es war Alarm und höchste Gefahr angesagt. Dann wagten wir uns kaum in den Stall. Die Bullen drehten durch, und es kam öfter, als den Bauern lieb war, vor, dass sich einer losriss. Dann hieß es volle Deckung, und man flüchtete, wenn möglich, auf einen Baum oder einen anderen höheren Ort, bis der Bauer kam und zusammen mit den meist kräftigen Knechten den Riesen wieder einfing. Das brachte Abwechslung ins Dorfleben.

Die Kühe standen meist in einer Art Holzverschlag, nur mit einem dünnen Seil angebunden. Oder sie waren an nebeneinander in die Wand eingelassenen Ringen befestigt. Das heißt, zwischen den Kühen befand sich oft, wenn überhaupt, nur eine wenig Schutz bietende Holzwand; wenn man dies überhaupt als Wand bezeichnen konnte. Das Holz war meist von Holzwürmern zerfressen. Aber Kühe sind ja zum Glück nicht so aggressiv wie Zuchtbullen.

Wenn die Kühe abgefüttert und mit Wasser versorgt waren, ging es ans Melken. Wenn einem dabei eine Kuh auf den Fuß steigt, wenn sie beim Melken herumtanzt oder ihren Schwanz voller Boshaftigkeit als Peitsche benutzt und einen mitsamt angeschnalltem Melkschemel, den Melkeimer zwischen den Beinen, gegen eine laut zersplitternde Bretterwand drückt, ist das nicht besonders. Aber wie die Angst vor dem Zuchtbullen gehörte es fast zum Alltag des Stalldienstes.

Natürlich hatten wir relativ schnell gelernt zu melken und verdienten uns auch damit etwas Taschengeld dazu. Acker war zwar älter und kräftiger als ich, aber auch langsamer in seinen Reaktionen und hatte vielleicht auch deswegen mehr Angst und Respekt vor den Zuchtbullen. Wir schnallten uns vor dem Melken unsere Melkschemel unter den Po und reinigten penibel die stählernen Melkeimer, in die wir dann die Milch hineinmolken. Dabei vermied es Acker immer ganz bewusst, in die direkte Nähe eins Zuchtbullen zu kommen. Er war zwar ein wahrer Melkmeister, flitzte mit dem angeschnallten Melkschemel von einer Kuh zur anderen, melkte in irrer Geschwindigkeit und mit viel Feingefühl, aber wenn ein Bulle in der unmittelbaren Nähe war, ließ Acker die benachbarte Kuh meist für mich übrig.

Waren wir mit dem Melken endlich fertig, waren die schweren Melkeimer in die großen Molkereikannen entleert, hätten wir eigentlich sofort wieder mit dem Ausmisten anfangen können. Der Stallgang war wieder voller Dung, der sich wegen seiner Konsistenz nicht wegfegen ließ. Aber die meisten Bauern, ich weiß bis heute nicht warum, bestanden auf einer blitzsauberen Stallgasse, wenn auch nur für wenige Minuten. Was für ein Blödsinn in unseren Augen, aber wer die Musik bezahlt, kann auch bestimmen, was gespielt wird. Das bedeutete: Wieder die

Stallgasse reinigen, fegen und abspülen mit einer eklig riechenden Flüssigkeit, die Krankheiten verhindern sollte. Wenn wir endlich mit der Arbeit fertig waren, standen wir wie Orgelpfeifen vor dem Bauern, der meistens immer noch etwas an unserer Arbeit auszusetzen hatte und empfingen unseren Lohn. Es gab richtige Sklaventreiber, denen es auch noch Spaß machte, uns vom kargen Lohn etwas abzuziehen, weil wir angeblich zu viel Stroh eingestreut, also vergeudet hatten, oder, wen wundert es, weil die Stallgasse trotz allen Einsatzes immer noch nicht sauber genug war.

Es gab einen Bauern, bei dem wir vorher noch nie gearbeitet hatten. Dieser Bauer setzte alles daran, den besten, potentesten Zuchtbullen zu besitzen. Hinzu kam, dass er auch noch alles daransetzte, dass seine Bullen größer als andere Bullen waren, und er Aggressivität als Zeichen einer guten Zucht ansah! Es gab bei ihm einige höchst unangenehme Exemplare. Er verlegte sich immer intensiver auf die Bullenzucht, kämpfte verbissen um jeden Zuchtpreis und sah die Zucht neuer Bullen als Krönung seines bäuerlichen Gewerbes an.

In seinem Wohnzimmer hingen schon einige, wenn auch nicht bedeutende Preise, die von ihm gezüchtete Bullen bei Landwirtschaftsausstellungen des Kreises gewonnen hatten. Keines der anderen Kinder arbeitete gern bei diesem Bauern, dem seine Bullen wichtiger waren als die Gesundheit seiner Knechte oder anderen Helfer. Da er deswegen nicht so einfach Helfer für die Stallarbeit fand, bezahlte dieser Bauer die Kinder besser. Es war aber eben auch gefährlicher, dort zu arbeiten, denn trotz der relativ großen Anzahl von Zuchtbullen waren die Sicherheitsvorkehrungen nicht besser.

Wir überlegten lange, ob wir es wagen sollten, bei diesem Bauern zu arbeiten, doch das Geld lockte, und schließlich waren wir inzwischen recht passable und erfahrene Stallhelfer, die auch gelernt hatten, gefährliche Situationen und die anderen Widrigkeiten im Rinderstall zu meistern. Also entschlossen wir uns, den Job anzunehmen. Wir meldeten uns bei dem Bauern als Stallhelfer und waren erstaunt, wie freundlich er zu uns war. Als wir dann im Stall standen, wussten wir warum.

Es gab im Stall eine Zwei-Klassen-Gesellschaft. Auf der einen Seite die normalen Milchkühe und Ochsen, die ein tristes Dasein fristeten, auf der anderen Seite die riesigen Zuchtbullen, die ein wahres Luxusleben führten. Heute hätte dieser Bauer bestimmt einen Swimmingpool, ein Trainingszentrum, eine Schönheitsfarm und Schönheitschirurgen für seine geliebten Zuchtbullen, so verrückt war er danach, dass es ihnen gut ging und er mit ihnen seinen Ruf als tüchtiger Bauer verbessern konnte. Aber nicht nur das. Wenn seine Zuchtbullen Preise gewannen, konnte er deshalb eine weitaus höhere Decktaxe von den Kuhbesitzern verlangen, die einen Deckbullen der Extraklasse suchten.

Die Einweisungen des Bauern an uns Stallhelfer ließen denn auch an Deutlichkeit nichts zu wünschen übrig. Ein Viertel der Arbeitszeit durften wir für die absolut nötigste Versorgung der normalen Rinder verwenden, drei Viertel hatten wir uns um das Wohlergehen der gewinnträchtigen Zuchtbullen zu kümmern. Uns taten die normalen Rindviecher schon fast Leid. Wir fanden es ungerecht, dass diese nicht zumindest gleichrangig versorgt werden sollten. Aber was konnten wir schon ausrichten!

Die Zuchtbullen standen bis zum Bauch im herrlichsten Stroh, das mehrmals täglich erneuert wurde. Wenn sich nur die geringsten Anzeichen einer Krankheit bemerkbar machten, rückte sofort der Tierarzt an. Das erlebte ich gleich am ersten Tag, als sich ein Bulle seine Klaue vertrat. Der Bauer muss enorme Tierarztkosten bezahlt haben, nur wegen einer Zuchtbullenprofilneurose. Die jungen Bullen wurden verhätschelt wie kleine Kinder. Einige besonders hoffnungsvolle Exemplare durften sogar bei ihren Müttern bleiben und sich noch zusätzlich von deren Milch ernähren. Was für ein Luxus in unseren Augen: Muttermilch für Kälber war ja normal, aber für heranwachsende Zuchtbullen? Ich war aber auch fasziniert von den herrlichen Tieren dieses Bauern, es waren absolut stattliche Exemplare. Sie glänzten vor Gesundheit, hatten klare Augen, muskelbepackte

Körper und waren alle durchweg von riesigem Körperwuchs. Da ich mich auch selbst beweisen wollte und keine schlimmen Erfahrungen mit Bullen gemacht hatte, beschloss ich also, mich um die Zuchtbullen zu kümmern, während Acker gerne die andere Stallfraktion übernahm. Wir schufteten an unserem ersten Arbeitstag wirklich hart. Das heißt, wir versuchten ehrgeizig, nicht nur die Luxusabteilung der Zuchtbullen glänzen zu lassen, sondern auch die anderen Tiere optimal zu versorgen. Unser Ehrgeiz überschlug sich fast. Zwar packte mich manchmal die Angst vor den Kolossen, aber ich stand das tapfer durch.

Je mehr ich merkte, dass es auch nur Rindviecher waren, desto geringer wurde meine Angst. Acker fuhrwerkte wie besessen in seiner Abteilung herum, und bis zum Ende des ersten Arbeitstages war alles gut gegangen. Der Bauer wischte sich verwundert die Augen, als er den Stall betrat. Er erkannte ihn fast nicht wieder. Die Melkeimer waren gewienert. Von der Stallgasse hätte man zumindest in diesem Moment ohne Bedenken essen können, alle Rinder standen in einem sauberen Strohbett, die Futterschütten waren gefüllt, die Tiere mit ausreichend Wasser versorgt. Acker war sogar so weit gegangen, die »normalen« Rinder vom gröbsten Dreck zu befreien. Der Bauer war hoch zufrieden.

Schon am ersten Tag aber fiel mir ein junger Zuchtbulle auf, mit dem anscheinend etwas nicht stimmte. Er war sehr unruhig und nervös und weitaus aggressiver als die anderen. Wenn ich mich seiner Box näherte, sah ich in seinen Augen pure Mordlust. Ich fragte den Bauern, was mit diesem Zuchtbullen los wäre. Der Bauer verwies voller Stolz auf das riesige »Gehänge« des Zuchtbullen. Seiner Meinung nach sei dies der zukünftige Sieger auf jeder Landwirtschaftsshow und ein »Supervererber« für alle Kühe im Landkreis, wenn nicht gar in ganz Deutschland. Außerdem sei er so potent, dass er wahrscheinlich eine Pferdestute decken könne, wenn man es darauf anlege und ihm erlaube. Der Bauer platzte fast vor Stolz und erklärte mir dann mit Verschwörermiene, in der nächsten Woche würde der junge

Bulle das erste Mal decken. Danach würde sich die Decktaxe zu einem riesigen Geschäft entwickeln, und die Zucht hätte sich absolut gelohnt. Immer wieder wies er auf das »Gehänge« des jungen Zuchtbullen und erklärte mir ohne Pause, ich solle genau hinschauen, so was Gewaltiges an »Bullengehänge« würde ich in meinem ganzen Leben bestimmt nie wieder sehen, so einmalig und grandios wäre es.

Dann kam der Bauer auf das zu sprechen, was ich ohnehin schon befürchtet hatte. Der junge Bulle galt als extrem gefährlich. Ein einzelner Mann könne dieses Tier trotz des Nasenringes nie kontrollieren, und der Bulle sei zugegeben etwas verschlagen und hinterhältig! Mir rutschte nun noch nachträglich das Herz in die Hose. Ich war in die Bullenbox gegangen, hatte dort ausgemistet, hatte diesen Bullen gefüttert und sogar gestreichelt, ohne zu wissen, wer dort stand!

Ich lehnte mich, damit keiner, weder Acker noch der Bauer, meine schlotternden Knie bemerkte, an die Stallwand und schwor mir: Morgen bist du bei dem Bullen ganz vorsichtig und überlegst dir genau, wie man ihn ohne Lebensgefahr pflegen, füttern und ausmisten kann.

Am nächsten Morgen empfing der Bauer uns mit glänzender Laune. Er hatte seinen morgendlichen Inspektionsgang durch den Rinderstall schon hinter sich und erwartete nun von uns, dass wir eine Stallpflege wie am gestrigen Tage noch einmal wiederholten. Er hatte mich wohl als speziellen »Zuchtbullenpfleger« auserkoren und gab mir nun zu meinem Entsetzen auch noch den Auftrag, dem jungen Bullen das »Gehänge« zu waschen! Schließlich sollte der in der kommenden Woche erstmals decken, also war bis dahin tägliche Körperpflege angesagt – und ich sollte mich dafür opfern. Warum, fragte ich mich, legte der Bauer mit seinen Knechten nicht selber Hand an, statt die Versorgung des Bullen einem verängstigten, chancenlosen Knaben zu übertragen?

Ich war ja zu vielem bereit, um mein Taschengeld aufzubessern. Ich war bereit zu schuften, bis mein junges Rückgrat krachte, aber diesem Zuchtbullen so nahe zu kommen, das war nichts für mich. Doch sollte ich mich jetzt sofort als Feigling zu erkennen geben? Nein, das kam auch nicht infrage. Ich musste mir etwas einfallen lassen. Acker begab sich in seine Abteilung für gewöhnliche Rindviecher, ich begann auch mein Tagwerk, mit einem Auge immer den gefährlichen Bullen beobachtend. Der sah mich interessiert an. Die Situation erschien mir fast aussichtslos.

Dann fiel mir meine Zwille ein, meine aus einer echten Taller Astgabel selbst gefertigte Waffe gegen die Feinde, die ein Kind meines Alters eben so hat; also Mäuse, Ratten, größere Jungs, die einen grundlos verhauen wollten etc. Ich trug meine Waffe, genau wie Acker die seine, immer im Hosenbund bei mir, man wusste ja nie, vor welche Herausforderungen und Gefahren der Tag einen stellte. Aber zuerst wollte ich es auf eine andere Art versuchen. Ich musste nun, ob ich wollte oder nicht, den Stall des jungen Zuchtbullen ausmisten.

Also nahm ich die Mistforke und etwas soliden Draht, verband den Stiel der Forke mit einem Besenstiel und hatte nun die beste Chance, aus sicherer Entfernung die Box des Bullen auszumisten. Doch Fehlanzeige: Dieser Bulle konnte anscheinend auch noch präzise denken, und als ich vorsichtig begann, mit der nun rekordverdächtig langen Forke etwas Mist aus der Box zu ziehen, trat das Vieh einfach auf den Stiel. Ich schwöre, der Zuchtbulle lachte mich aus! Wirklich, ich sah ein breites Gewinnergrinsen auf seinem Gesicht.

Nächster Versuch. Ich klaubte vom Dachboden einige Rüben zusammen, Zuckerrüben sogar von der letzten Ernte, und schnitzelte die Rüben fast liebevoll zu einer leckeren Bullenmahlzeit. Dann warf ich aus sicherer Entfernung die Rübenstücke in die Futterschütte. Jedes normale Rindviech hätte sich garantiert auf die Rübenstücke gestürzt, aber nicht dieser hinterlistige und clevere Nachwuchszuchtbulle. Er ignorierte einfach die Mahlzeit und wartete in seiner Box auf mich, fixierte mich ganz genau. Also war auch das nicht die richtige Idee.

Nun kam Acker ins Spiel, ohne es zu merken. Er werkelte in seiner Abteilung und wollte nur sein Stallrevier weiter auf Hochglanz bringen. Der Bulle hatte das Interesse an mir verloren und wandte sich Acker zu, der mit seiner Mistkarre den Stallgang entlangzog. Dies war meine Chance!

Ich schlich mich vorsichtig von hinten an die Box des Bullen heran und kratzte leise und ganz, ganz vorsichtig die ersten Dunglagen heraus, von dem Gedanken getrieben, den Bullen bloß nicht mit der Forke zu berühren. Das Glück schien auf meiner Seite zu sein, denn das Tier hatte sich auf den völlig ahnungslosen Acker konzentriert.

Dann bemerkte der Bulle meine Bemühungen aber doch, und der Tanz ging los. Mit seiner ganzen Körperkraft zerrte er an seinem Strick, der knarrende Laute von sich gab. Ich musste einsehen: Weder konnte ich die Box ausmisten, noch den Bullen füttern, geschweige denn sein »Gehänge« waschen. Das Vieh war mir einfach überlegen. Und lebensmüde bin ich auch damals nicht gewesen. Acker schien von meinen Problemen immer noch nichts mitbekommen zu haben und widmete sich seinen Schützlingen.

Ich setzte mich in das Stroh und grübelte. Klar konnte ich einfach abhauen, und die Sache hätte sich erledigt. Was konnte der Bauer mir schon antun, wenn ich einfach Fersengeld gab, aber es widerstrebte mir, auch vor Acker, zuzugeben, dass ich mich aus Angst nicht näher als vier Meter an den Bullen heranwagte. Dann kam mir die rettende Idee. Wenn der Zuchtbulle Probleme mit seinem »Gehänge« hätte, konnte er auch nicht in der kommenden Woche decken. Das bedeutete, eine »Gehängewäsche« wäre bis zum nächsten Deckakt, der dann sicher nicht so schnell angesetzt würde, nicht nötig. Aber wie stellte ich es an, dass die Rinderhochzeit abgesagt wurde?

Da fiel mir meine Zwille ein. Ich musste dem Zuchtbullen sozusagen das »Gehänge« anschießen. Dies war gefahrlos möglich, und vor allem konnte sich der Bulle in der Box ja die Hoden auch selber angetreten haben; das passierte öfter, als den

Bauern lieb war. Dann hätte es sich mit dem Deckakt erst einmal erledigt.

Ich suchte mir also einige Nägel, keine zu großen, bog diese mit einer Zange zu so genannten Krampen. Nun musste ich nur darauf achten, dass Acker nichts von meiner Aktion mitbekam. Ich erklärte ihm, dass ich unbedingt einige Minuten an die frische Luft müsse, da ich Kopfschmerzen hätte. Acker schaute mich an, als hätte ich gerade verkündet, ich würde eben mal schnell Fußballnationalspieler werden. Kopfschmerzen waren bei uns als Krankheit fast unbekannt, es sei denn, man hatte Grippe, aber das kam bei uns sehr selten vor. Doch Acker war mit dem Melken beschäftigt und hakte nicht nach.

Ich ging zum Stallausgang, in meiner Hosentasche einige wunderbare Krampen und im Hosenbund meine Waffe, die Zwille. Nun hieß es exakt zielen und treffen. Ich visierte das Ziel genau an, aber der erste Schuss war eine absolute Niete und ging in das vor der Bullenbox ausgebreitete Stroh. Weder Acker noch der Zuchtbulle hatten etwas von dem Attentatsversuch mitbekommen. Beim zweiten Schuss zielte ich noch länger, visierte genau – und dann wurde die Krampe zum Gehängegeschoss. Ein Volltreffer, genau auf den riesigen Hoden! Der Bulle sprang wie ein zu groß geratener Gummiball in die Höhe. In rasender Wut begann er sofort, den ganzen Stall niederzuwalzen. Mein Bruder wusste gar nicht, was sich um ihn herum ereignete. Er tat instinktiv das einzig Richtige und rannte, mit dem Melkschemel am Hintern, in Richtung der zum Dachboden führenden Treppe und diese dann hinauf, als seien wütende Wespenarmeen hinter ihm her.

Der Bulle war inzwischen dabei, mit seinen Hinterläufen die seitliche Holzwand zu zerlegen. Wie durch ein Wunder hielt immer noch der Strick, und der Nasenring war auch noch nicht zerbrochen. Inzwischen waren die restlichen Krampen unter einem Holzstapel gelandet, die Zwille befand sich wieder im Hosenbund, und ich stand mit sehr schlechtem Gewissen im Türrahmen und beobachtete, wie der Bulle nun die andere seitliche Holzwand zerlegte. Das Krachen des splitternden Holzes hatte inzwischen den Bauern und zwei Knechte herbeigelockt. Ich dachte, der Bauer würde sofort aus den Latschen kippen, als er seinen geliebten Bullen den Stall zerlegen sah. Ihn kümmerte es nicht eine Sekunde, ob Acker oder mir etwas passiert war. Er war nur um seinen Bullen besorgt und wusste, wie auch ich, der mit Unschuldsmiene dastand und von ihm befragt wurde, keine Erklärung für das verrückte Verhalten des Tieres.

Einige Minuten später. Der Bulle hatte sich so weit beruhigt, dass der Bauer ihn mit Hilfe seiner Knechte einer ersten Untersuchung unterziehen konnte. Das Tier schnaubte, verdrehte vor Wut oder Schmerz, genau konnte ich dies nicht sagen, die Augen und tänzelte auf der Stelle wie ein Rennpferd vor dem Start. Mit Kennerblick erkannte der Bauer, dass sich das verrückte Bullenvieh mit den Klauen an den Hoden selbst verletzt hatte. Das riesige Gehänge verfärbte sich bereits ins Bläuliche und schwoll an.

Dass der Deckakt sich für die kommende Woche erledigt hatte, war klar. Mit diesem Gehänge konnte der Bulle nicht einmal mehr ein Kaninchen erschrecken, geschweige denn seine männliche Kraft an einer Kuh beweisen. Der Bauer war völlig fertig. Seine Knechte wurden als Wachen abgestellt, um aufzupassen, dass sich der junge Zuchtbulle nicht abermals selbst an den Hoden verletzte. Natürlich machte dies unsere Arbeitskraft und auch unsere Anwesenheit unnötig. Der Bauer zahlte uns sogar noch unseren Lohn, dann konnten wir gehen. Acker war ziemlich blass, als wir in Richtung mütterliche Küche trabten. Er konnte sich immer noch nicht erklären, was denn nun genau passiert war. Aber er stimmte mir zu, als ich ihm erklärte, die Arbeit in einem Stall voller aggressiver Zuchtbullen sei einfach zu gefährlich. In Zukunft übernahmen wir wieder nur normale Rindviecher. Damit war ich aus dem Schneider und hoffte nur, dass der Bulle mir meine Hodenattacke bald verzeihen möge.

DER FUSSBALL-ACKER VON TALLE

In unserer Freizeit widmeten wir uns immer intensiver dem Fußball und wurden aktive Mitglieder des TUS Talle. Dadurch wuchs auch unser Freundeskreis. Wir wurden Teil der Dorfclique, zu der auch zwei Mädchen gehörten. Aber Mädchen interessierten uns damals noch überhaupt nicht. In dieser Beziehung waren wir Spätzünder, vor allem Acker, der dann aber später umso heftiger explodierte. Wir konzentrierten uns aufs Fußballspielen und die Jungen aus der Clique.

Acker war im Fußball eine echte, wenn auch wortwörtlich sperrige Granate, zwar langsamer als ich, behäbiger, bulliger, aber eben der »Acker auf dem Fußballacker«, der absolute Wühler im Strafraum. Seit seinem ersten Tritt gegen einen Ball war ihm klar, seine Spielerposition konnte nur die des umjubelten Mittelstürmers sein.

In dem Verein gab es Jahrgangsgliederungen mit so klangvollen und blödsinnigen Namen wie zum Beispiel »Jungmann«. Ich war eigentlich noch drei Jahre zu jung für die Vereinsmannschaft, in der Acker kickte. Er jedoch, ganz künftiger Politiker, auch wenn das damals noch nicht abzusehen war, redete so lange auf den Trainer und die Vereinsoberen ein, bis sie, ortsansässige reiche Bauern, mich in seine Mannschaft steckten.

Bruderliebe war nicht sein Motiv – das war unvorstellbar für Acker. Schon damals sammelte er profunde Kenntnisse über die Menschen, über ihre Einflussmöglichkeiten und die daraus für ihn resultierenden Vorteile. Ob man es glaubt oder nicht, ohne mich, seinen kleinen Halbbruder Lothar, hätte der Mittelstürmer Gerhard Schröder nicht so eine ruhmreiche Fußballkarriere hingelegt.

Zu der Zeit, als wir noch ohne Clubzugehörigkeit auf irgendwelchen provisorischen Bolzplätzen spielten, war ich grundsätzlich Außenstürmer und gab Acker herrliche Vorlagen. Wir waren ein wirklich eingespieltes Team aus Außen- und Mittelstürmer, verstanden uns auf dem Platz fast blind.

Im Gegensatz zu meiner Person verfügte Gerhard nicht über filigrane Techniken, wenn es um den Umgang mit dem runden Leder ging. Wer dies behauptet, würde heute noch eines meiner Fußballidole, Fritz Walter – Gott hab ihn selig – beleidigen!

Der Ball und Acker waren keine echten Freunde, eher sehr unterschiedliche Partner einer Zwangskoalition, die irgendwie miteinander zurechtkommen mussten, um vielleicht Erfolg zu haben und an der Macht zu bleiben. Acker war der Vollstrecker im Strafraum, ausgestattet mit unbändigem Ehrgeiz, Tor- und Erfolgshunger. Mit körperlicher Robustheit und knallhartem Durchsetzungsvermögen verschaffte er sich den nötigen Platz vor dem gegnerischen Tor oder räumte gegnerische Verteidiger einfach mit seinem bulligen Körper beiseite. Bei seinen sehr beschränkten Ballbehandlungsqualitäten blieb ihm ja auch nichts anderes übrig.

Oft ersetzte Verbissenheit und Durchsetzungskraft mangelndes Talent. Acker, ein robuster Mittelstürmer, der wühlte, rackerte, enormen nimmermüden Einsatz zeigte, war mit fairen Mitteln nicht vom Ball zu trennen. Egal wie, er wollte den Torerfolg. Nie konnte er zugeben, dass er den tödlichen Pass aufgrund fußballtechnischer Fehler nicht richtig angenommen oder beim entscheidenden Torschuss versagt hatte. Kritik von Mitspielern an seiner Person, seinem Können, kam schon damals gar nicht gut bei ihm an. Mittelstürmer sind eben nie für ihre Fehler verantwortlich ...

Als Fußballer profitierte er grundsätzlich von meinen passgenauen Zuspielen und meiner enormen Schnelligkeit als Außenstürmer. Sein hammerharter Schuss, fast schon waffenscheinpflichtig, war sensationell. Je unfairer man Gerhard attackierte und foulte, umso mehr kämpferischen Einsatz zeigte er. Okay, er spielte immer ein bisschen für die Galerie, hatte öfter die Fallsucht im Strafraum, aber kommt ihm dies heute als Politiker nicht auch zugute, wenn er einen Pass der Mitspieler, Minister, Berater verfehlt und deswegen das Ziel nicht trifft?

DAS HUHN

Nach dem täglichen, freiwilligen Training, wenn wir uns ausgetobt hatten, wurde in der Clique über echte Freizeitaktivitäten auf Kosten anderer Personen nachgedacht.

Es war Herbst, und es dunkelte schon wieder recht früh. Wir hatten aber noch Zeit, bevor wir uns zu Hause einfinden mussten. Nach der Bolzerei hatten wir Hunger – eine echte Triebfeder für herrlichste Streiche. Diesmal stand uns der Sinn nach frischem Huhn, über dem Lagerfeuer gegrillt. Ein ortsansässiger Bauer namens Stock hatte eine große Hühnerzucht. Die Hühner bevölkerten nicht nur den Hof, sondern tummelten sich auch auf den benachbarten Wiesen. Wenn wir ein Huhn klauten, würde dies unserer Meinung nach gar nicht auffallen.

Unsere Clique plante den Coup ganz genau: Zwei umzingeln das Huhn, ein dritter greift es sich, und dann ab zum Versteck im nahen Wald. Wie die Indianer auf dem Kriegspfad schlichen wir uns an das Federvieh heran, das fröhlich im Boden scharrte und Nahrung aufpickte. Es klappte am Anfang eigentlich auch alles ganz gut, schließlich hatten wir ja einen Plan mit genauer Aufgabenteilung entwickelt, der sich dann jedoch als nicht gänzlich durchdacht erweisen sollte. Ich hatte mir das Huhn gegriffen, aber natürlich nicht daran gedacht, dass es wie verrückt zappeln und hektisch mit den Flügeln schlagen würde. Auch der ohrenbetäubende Radau, den die anderen aufgescheuchten Hühner veranstalteten, war so nicht geplant. Jederzeit konnte aufgrund des Aufruhrs Bauer Stock erscheinen, und dann war Schicht im Schacht und gewaltiger Ärger, auch mit Mama, angesagt.

Gerhard hatte sich, clever wie er war, schon in der Planungsphase die Rolle des späteren Chefkochs gesichert, beim Hühnerdiebstahl also die Rolle des Beobachters übernommen. Nun rannten wir alle gemeinsam mit dem immer noch wild mit den Flügeln schlagenden Huhn in Richtung Waldversteck. Dort erwartete uns das nächste Problem. Die Flamme loderte bereits, und es stellte sich die Frage: »Wer schlachtet das Huhn?« Meiner Meinung nach war dies die Aufgabe des Chefkochs. Das sah Acker natürlich völlig anders. Er war für die delikate Zubereitung, das Grillen über offenem Feuer verantwortlich, nicht für das Schlachten und schon gar nicht das Ausnehmen des Vogels.

Das Huhn sah seine letzte Chance in unserer Unentschlossenheit und veranstaltete wieder einen riesigen Rabatz. Ich konnte es nur mit Mühe an der Flucht hindern, so heftig flatterte der Vogel in meinen Händen. Also sah ich ein, dass ich als jüngerer Halbbruder die Familienehre vor den anderen Jungs und der gesamten Clique retten musste. Mit zitternden Händen tötete ich das Tier und nahm es, zugegeben etwas umständlich, mit dem Taschenmesser aus. Acker philosophierte währenddessen langatmig über die richtige Zubereitung von Huhn am Lagerfeuer, da türmte sich vor uns die nächste Hürde auf. Denn wie rupft man ein Huhn in kürzester Zeit fachgerecht?

Nun kam Ackers große Stunde der genialen Improvisation. Er spießte das Huhn auf einen Stock und hielt es mitsamt den Federn, die sich durch das Feuer lösen sollten, über die offene Flamme. Das Prinzip war ja richtig, nur: Die Federn fingen Feuer, das Huhn wurde zur Fackel, und es stank bestialisch nach verbrannten Federn.

Nach einiger Zeit war das Federvieh dann aber doch endlich nackt, wir hatten die Federkiele abgerupft, und die Zubereitung konnte beginnen. Doch unser Chefkoch hatte vergessen, dass man für ein Huhn, über offenem Feuer gegrillt, auch Salz, Pfeffer und Gewürze benötigt. Wald- und Wiesenkräuter waren zwar in Unmengen vorhanden, aber dafür nun wirklich nicht recht brauchbar. Dieses Huhn war, wie sich beim Grillen herausstellte, zudem etwas älter und wirklich schon leicht zäh. Ohne jedes Gewürz schmeckte es wie »Fleischpappe«. Dieser Ausdruck stammt übrigens von Acker und mir!

Doch wie auch immer, wir verspeisten das noch halbrohe Huhn mit großem Appetit und fühlten uns dabei prächtig. Wieder hatten wir einige Pluspunkte in der Clique gesammelt und etwas fürs Leben gelernt: Zuerst alle wichtigen Details überdenken und dann erst handeln. Acker scheint diese Erfahrung von damals heute offensichtlich verdrängt zu haben.

DER KLASSENPRIMUS

Acker wurde in der Schule zwischenzeitlich zum Primus. Seine Noten, außer in den musischen Fächern, wurden immer besser. Eigentlich gehörte er mit seiner Zielstrebigkeit, seinem Wissensdurst, der Intelligenz und dem Erfolgshunger auf ein Gymnasium, aber wie sollte meine Mutter das realisieren? Ganze Nächte muss sie über dieses Problem nachgegrübelt haben. Der Besuch eines Gymnasiums bedeutete auch damals für die Eltern eine finanzielle Belastung, mehr noch als heute.

Zwar waren auch meine schulischen Leistungen nicht schlecht, aber ich wollte lieber eine Lehrstelle und Geld nach Hause bringen, mir endlich etwas leisten können und meine Mutter entlasten. Aber ich hatte noch Zeit zu überlegen, stand ja noch nicht vor dem Schulabschluss. Acker sprach recht häufig von seinem späteren Doktortitel, war sich über seinen weiteren Lebens- und Berufsweg aber noch nicht im Klaren. Wunsch und Realität klafften weit auseinander. Als er dann die Grundschule verließ, begann er eine Lehre in einem Eisenwarengeschäft, von uns auch »Eisenhöcker« genannt.

In diesem Geschäft gab es die unterschiedlichsten Haushaltsartikel und natürlich alles, was mit Metall in Zusammenhang stand. Es war ein winziger Tante-Emma-Gemischtwarenladen; ein Sammelsurium von Bratpfannen, Kochtöpfen, Geschirr, Nägeln, Muttern, Schrauben und Scharnieren jeder Größe. Acker passte mit seiner Mentalität und seinem Ehrgeiz dort hinein wie ein Star-Tenor in eine Punkband. Er hasste es, in dem chaotischen Lager Schrauben zu sortieren oder zu zählen. Dann erklärte er schon lieber einer Bäuerin aus dem Ort im Verkaufsgespräch die Vorzüge einer neuartigen Bratpfanne oder erläuterte einem Landarbeiter die revolutionäre Sense mit Doppelblatt bis ins letzte Detail.

Folglich langweilte sich Gerhard in diesem »Eisenhöckergeschäft« und war nicht ausgelastet. Das hatte aber auch Vorteile: Mit noch mehr Energie »ackerte« er auf dem Fußballplatz und wurde endgültig zum gefürchteten Mittelstürmer. Das Einzige, was Acker an dieser Lehre gefiel, war, dass er endlich auch etwas Geld verdiente. Die Zeiten von 50 Pfennig Taschengeld pro Woche waren für ihn erst einmal vorbei.

Mir fiel eines Tages auf, dass sich seine ohnehin schon ausgeprägte Eitelkeit noch verstärkte. Er brauchte noch länger vor dem Waschbecken in der Küche und konnte an keinem Spiegel vorbeigehen, ohne sich zu betrachten und zum tausendsten Male zu kämmen. Was war mit ihm geschehen? Ganz einfach, Acker hatte sich verliebt, und zwar in Rosemarie, die Tochter eines selbstständigen, recht begüterten Malermeisters mit eigenem Betrieb im Ort, also für unsere Verhältnisse eine Familie aus der Oberschicht. Es kam, wie es kommen musste. Ihre Eltern stimmten einer Beziehung nicht zu. Sie sprachen ein striktes Kontaktverbot aus, denn ein Auszubildender aus einem »Eisenhöckergeschäft« war in den Augen der Eltern nicht der richtige Umgang für das Töchterchen. Acker passte nicht in ihren gesellschaftlichen Kreis. Frustriert sann er auf Vergeltung.

Die Malerfamilie bewohnte ein geräumiges und komfortables Haus im Ort. Es lag direkt an der Hauptstraße, war sehr gepflegt und natürlich von außen höchst akkurat. Eine Zierde für Talle. Acker und ich, voll schlimmster Rachegelüste, wollten dies ändern. Im »Eisenhöckergeschäft« gab es auch Kalkfarbe von beeindruckender Haltbarkeit, also war die Tatwaffe gefunden, und wir gingen in einer mondlosen Nacht frisch ans Werk. Am nächsten Morgen lockte das frisch verzierte Haus etliche Schaulustige an, die unsere nächtliche kreative Arbeit bewunderten, natürlich ohne die Künstler zu kennen. Alle Fenster zur Straßenseite waren vollständig angemalt, keiner konnte mehr hinein- oder herausschauen.

Die Straßenfront ähnelte einem Knusperhäuschen mit Zuckergussanstrich auf den Fenstern. Ich möchte nicht wissen, wie viele Mitarbeiter des Malermeisters wie viel Zeit benötigt haben, um die Fenster wieder zu reinigen. Natürlich geriet Acker in den Kreis der Verdächtigen, aber keiner konnte uns etwas beweisen.

VOM BIER & DER NOT AUF DEM TANZPARKETT

Wir waren inzwischen dem CVJM beigetreten. Nicht aufgrund neu entdeckter Gläubigkeit, nein, beim CVJM gab es beim wöchentlichen Zusammensein immer einige Biere umsonst. Ein Kneipenbesuch war aufgrund unserer Finanzsituation und unseres Alters nicht nur schwer bezahlbar, sondern auch bei den Wirten nicht gerne gesehen. Uns schmeckte das Bier aber schon damals ausgezeichnet. Ich war dreizehn und Acker siebzehn, also war es unserer Meinung nach Zeit für den Eintritt in die männliche Erwachsenenwelt, und dazu gehörte ab und zu ein Pils. Pastor Hundertmark hatte dafür Verständnis und war zudem ein erklärter Fan von Acker und mir als Mittel- und Außenstürmer. Es gab jedoch im wahrsten Sinne des Wortes einige Misstöne bei den Zusammenkünften: Acker sang nicht nur falsch, er grölte geradezu in den krudesten Tönen. Selbst die Sanftmut des Pastors wurde auf eine harte Probe gestellt.

Acker war kurz vor Beendigung seiner Lehre zum Einzelhandelskaufmann, doch dieser Beruf passte genauso wenig zu ihm wie ein CSU-Parteibuch. Er fühlte sich zu Höherem berufen und wurde immer unglücklicher. Es musste etwas passieren.

Ich stand inzwischen vor dem Schulabschluss und hatte eine für damalige Verhältnisse gut dotierte Lehrstelle als Heizungsmonteur in Aussicht. Meine Schwestern – ich muss sie jetzt einfach erwähnen –, echte Seelenmenschen und in vielem ein Abbild meiner von mir sehr verehrten Mutter, besuchten noch die Schule.

Der Familienrat tagte. Schnell war man sich einig: Wenn ich die Lehre begann und damit auch etwas Geld zum täglichen Überleben beisteuern konnte, sollte Acker auf dem zweiten Bildungsweg zumindest seine mittlere Reife in Angriff nehmen. Gerhard war der Ehrgeizigste und sicher auch der Zielbewusstere von uns Geschwistern und sollte die Chance zur schulischen Weiterbildung erhalten. Ohne dass er neben der Schule noch arbeitete, war es unmöglich, die Ausbildung zu finanzieren, so sehr ihn die Familie auch unterstützte.

Gerhard nahm sich ein kleines Zimmer in Bielefeld und arbeitete neben der Schule in einer Eisenwarengroßhandlung – wie viele Schrauben, Nägel, Muttern, Kleinmetallgegenstände mag Acker in seinem Leben gezählt haben? Vielleicht stammt daher sein heute noch gestörtes Verhältnis zu Zahlenkolonnen. Jedes Wochenende tauchte er pünktlich wie ein Maurer wieder im »Hotel Mama« auf. Er stürmte weiter mit mir in einer Fußballmannschaft und blieb, was er war: »Acker vom Acker«!

Ich war in der Lehre, fühlte mich sehr wohl und steuerte von meinem Lehrlingsgehalt von 50 Mark monatlich etwas zu dem Familienbudget bei, wodurch auch Acker es etwas einfacher hatte. Er bestach wieder durch gute Noten und schaffte es auch, seinen Nebenerwerb zu bewältigen, wahrlich ein hartes Brot. Aber Acker war ohnehin in seinem Erfolgshunger von keinem Problem zu bremsen. Er sprach immer noch von seinem zukünftigen Doktortitel.

An den Wochenenden suchten wir trotz leerer Geldbeutel des Öfteren zusammen ein Tanzcafé auf. Dort wurde nicht nur getanzt, sondern auch geflirtet, und die Preise waren einigermaßen erschwinglich für uns. Mittlerweile begannen wir uns ernsthaft für das weibliche Geschlecht zu interessieren.

Aber nun tauchte für meinen Halbbruder ein gewaltiges Problem auf: Er hatte eine schwache Ballbehandlung beim Fußball, war wahrlich keine Grazie, auch nicht der Geschmeidigste, und nun sollte er tanzen, sich rhythmisch zum Takt der Musik bewegen! Bis heute hat er das Tanzen nicht gelernt, und selbst bei der letzten Geburtstagsfeier unserer Mutter, als er die Ehrenrunde mit der Jubilarin absolvierte, musste er sich folgenden Kommentar unserer alten Dame gefallen lassen: »Ist genug, mein Junge, zu gefährlich, jetzt führe ich!«

Dass Gerhard auch als Kanzler manche Dinge nicht mehr lernt, hat für mich einige Vorteile. So habe ich das Vergnügen, bei Familienfeiern meine Schwägerin Doris über das Tanzparkett schwingen zu dürfen. Und alles, was recht ist, und jeglicher Kritik der Journalisten an ihrer Person zum Trotz – Tanzen kann sie. Man mag sich nun die Frage stellen: Wie meistert Kanzler Gerhard die Ehrentänze bei offiziellen Anlässen? Hat er ein Double dabei? Gibt er vor, sich gerade den Fuß verstaucht zu haben? Schafft Doris es, trotz der nicht unerheblichen Differenz der Körpermaße, ihren Mann übers Parkett zu führen? Ich weiß keine Antwort darauf ...

ACKER VERÄNDERT SICH

Wie erwartet schaffte Acker seinen Mittelschulabschluss mit Bravour und sehr guten Noten. Aber auch ich erzielte gute Leistungen in meiner Lehrzeit. Also war schnell klar: Acker würde weiter die Schule besuchen und sein Abitur machen. Er arbeitete nun als Hilfsarbeiter auf dem Bau, sicher hatte er endgültig genug von den Schrauben, Nägeln und Muttern aus dem Laden, er verdiente jetzt auch weitaus besser. Und er war sich für keine harte Arbeit zu schade!

Ich beendete später erfolgreich meine Lehre, Acker meisterte seine Abiturprüfung mit relativ guten Noten. Es schienen goldene Zeiten für mich und die Familie anzubrechen. Gerhard beschloss, die Uni in Göttingen zu besuchen, um Jura zu studieren. Die Familie unterstützte ihn weiterhin, aber er ging auch nach wie vor als Hilfskraft auf dem Bau schuften. Ich hingegen verdiente gutes Geld, rund 2000 Mark brutto im Monat, und ging hin und wieder auf Montage.

Immer noch sahen wir uns jedes Wochenende und spielten Fußball beim TUS Talle. Inzwischen kickten wir bei den Senioren, also in der Ersten Mannschaft, und das nicht ohne Erfolg. Es ging ums Prestige für den ganzen Ort, wenn die Erste Mannschaft antrat. Der Besuch von Heimspielen war für fast alle Einwohner Pflicht.

Es soll sogar weibliche Fans gegeben haben, die bei den Sturmläufen von Acker und mir in wahres Entzücken gerieten. Den Clubchefs war klar, ohne den Mittelstürmer Gerhard war der fußballerische Erfolg des Teams gefährdet. Schließlich reiste der Student zu allen Spielen aus Göttingen per Zug an. So wurde Acker zum ersten Fußballprofi von Talle. Der Vorstand zahlte ihm nicht nur die Zugfahrkarten, sondern nach jedem Spiel erhielt er einen ansehlichen Fresskorb, vollgestopft mit Wurst, Schinken und anderen Köstlichkeiten. Sogar die Fußballschuhe wurden bezahlt. Nun stellte sich für den »Jungprofi« nur die Frage: Wer putzt meine Sportschuhe?

Acker und ich hatten eine praktikable Idee. Wir zahlten unseren jüngeren Schwestern pro Putzvorgang ein Entgelt von 50 Pfennigen. Ein nettes zusätzliches Taschengeld für die Mädchen, und wir fühlten uns wie die Fußballkönige. Nachträglich betrachtet muss man wohl einräumen, dass unser Lohn nicht angemessen war. Wir bestanden auf blitzblank geputzten Fußballschuhen. Nach den Ballschlachten auf dem Fußballacker von Talle waren unsere Treter so verdreckt, dass unsere Schwestern sicher einige Zeit mit dem Reinigen und Polieren beschäftigt waren.

Nach jedem Spiel waren Acker und ich nun Stammgäste im Lokal neben dem Fußballplatz. Das Bier schmeckte uns, und wir fühlten uns nicht nur nach gewonnenen Spielen wie Helden. Die Getränke wurden von mir finanziert, dem gut verdienenden Monteur. Bei Acker, dem Studenten, herrschte zumeist Ebbe in der Kasse. Es reichte bei ihm nur zum absolut Nötigsten. Vielleicht war auch das ein Grund, warum er sich für Politik zu interessieren begann. Er flirtete zunächst heftig mit der

Jugendorganisation der Liberalen. Überhaupt wurde Gerhard, je länger er studierte, immer mehr zum »typischen Intellektuellen«. Ohne dass ich es anfangs wahrnahm, entwickelte sich auch zwischen mir, dem Monteur, und dem »armen« Studenten eine merkwürdige Distanz, obwohl unser brüderliches Verhältnis immer noch gut war. Am Wochenende besuchten wir gemeinsam Cafés und Kneipen, dennoch veränderte sich Acker immer mehr und entfernte sich von meiner Welt.

Viele seiner Gesprächsthemen waren mir zu hochgestochen. Auch sein unbedingter Wille, in der Oberschicht beruflichen Erfolg zu haben, etwas Besonderes zu werden, war mir völlig fremd und ängstigte mich. Was war falsch an meinem Leben als Heizungsmonteur? Ich hatte gerade meine Führerscheinprüfung bestanden und war stolzer Besitzer eines gebraucht gekauften Kleinwagens. Ich hatte dafür sehr hart arbeiten, teilweise Überstunden machen müssen. Mir fiel nichts in den Schoß, und ich träumte von einer eigenen Familie, einem geregelten Einkommen und der kleinen Zufriedenheit in meinem Leben. Acker hatte den Flirt mit den Liberalen beendet und war inzwischen den Jungsozialisten beigetreten. Auch dort entwickelte er einen großen Ehrgeiz, seine politischen Ziele zu verwirklichen. Er träumte von einer Karriere als Doktor und jetzt auch als Politiker und war bereit, dafür zu kämpfen. Mein Halbbruder veränderte sich immer mehr, das gefiel mir nicht und machte mich sehr traurig. Das war doch schließlich mein Acker, mit dem ich so viel erlebt hatte!

ANZUG-, WAGEN- UND ANDERE WECHSEL

Ich besaß damals einen Anzug, für den ich lange gespart hatte. Für Acker wurde er zum Objekt der Begierde. Mir war zuerst nicht klar, warum er mir in langen Monologen meinen herrlichen Anzug madig machen wollte. Der Anzug stünde mir doch gar nicht, sei viel zu extravagant und passe mir auch nicht so recht, ja schlottere geradezu an mir herum. So ging es ein ganzes Wochenende, und am Ende schenkte ich ihm frustriert den Anzug. Er hatte mir das gute Stück förmlich vom Leib geredet. Später erfuhr ich dann warum. Acker brauchte für seine diversen politischen Sitzungen dringend einen Anzug, durch den er sich im Outfit von den anderen Jungsozialisten absetzte – als Jungsozialist in gutem Zwirn, obwohl er doch eigentlich nur ein armer Student war.

Acker beherrschte schon damals den durchgeplanten großen Auftritt und suchte sich seine passende Bühne, auf der er kaum versagen, andere Menschen aber beeindrucken konnte. Nun diente ihm mein Anzug dazu, seinen Parteifreunden zu imponieren und seinem Auftreten noch mehr Eleganz zu verleihen.

Stolz fuhr ich mit meinem Kleinwagen täglich zur Arbeit, zum Fußballplatz und zu anderen Gelegenheiten. Ich pflegte das Auto akribisch und war darauf bedacht, keine Kratzer oder Schrammen im Lack oder gar einen Unfall zu riskieren. Doch es sollte anders kommen!

Es war an einem Wochenende. Nach dem Fußballspiel zischten wir noch ein Bierchen in der Kneipe. Acker war gut drauf, hatte er als Mittelstürmer doch wieder gnadenlos zugeschlagen. Ich hatte zu viel getrunken und beschloss daher, mein schmuckes Auto stehen zu lassen. Acker, auch nicht mehr nüchtern, war dagegen. Er besaß keinen Führerschein; Lenkrad, Bremse und Kupplung waren ihm noch völlig unbekannt. Aber wieder trieben ihn seine Selbstüberschätzung und sein außergewöhnlicher Ehrgeiz an: Er wollte unbedingt mein Auto nach Hause fahren. Ich sträubte mich mit Händen und Füßen, denn ich hatte Angst um meinen Wagen. Doch Acker war der Meinung, Auto fahren sei ein Kinderspiel. Ich erlag, wie schon so oft, seinen rhetorischen Fähigkeiten, und das Unglück nahm mit rasanter Geschwindigkeit seinen Lauf.

Ich hatte mein geliebtes Fahrzeug in einer Reihe parkender Autos abgestellt. Also galt es, den mobilen Untersatz frontal aus der Parklücke herauszumanövrieren, ohne Schäden zu verursachen. Acker malträtierte wild mit dem Schalthebel hantierend Kupplung und Getriebe. Ich konnte kaum hinsehen, hörte die jammervollen Geräusche des Getriebes und war völlig hilflos. Sollte ich unter Anwendung körperlicher Gewalt versuchen, ihn hinter dem Lenkrad hervorzuzerren oder den Schlüssel wieder an mich zu reißen, den ich ihm leichtfertig gegeben hatte? Solche Gedanken rasten mir durch den Kopf. Aber ich wusste, dass ich keine Chance hatte. Er wollte fahren, also war Widerstand zwecklos.

Wenn Gerhard sich für etwas entschlossen hat – und mag es eine noch so große Eselei sein –, ist es fast unmöglich, ihn davon abzubringen. Das schaffen nicht einmal seine Genossen, seine Minister, die Unmengen von Beratern oder meine Schwägerin Doris. Was er sich in den Kopf gesetzt hat, zieht er durch. Der Katzenjammer, wenn etwas schief geht, und die damit verbundenen Schuldzuweisungen kommen dann später umso ärger.

Nach einer Weile hatte es Gerhard geschafft, einen Gang »reinzutreten« – anders kann man es nicht nennen. Er war mit sich und seiner Leistung sichtbar zufrieden, doch sein unruhiger Fuß auf dem Gaspedal machte mich furchtbar nervös. Zu Recht – er hatte den falschen Gang eingelegt, und anstatt aus der Parklücke herauszugleiten, kollidierte mein geliebtes, gerade abbezahltes Auto rittlings mit einem Gartenzaun.

Ich hörte ein lautes Krachen, dann das Bersten von Holz und Metall. Der Zaun war heftig demoliert und mein Wagen ein Fall für die KfZ-Werkstatt. Nicht nur mir schlotterten vor Angst die Knie, sondern auch Gerhard wechselte vor Aufregung die Gesichtsfarbe. Glücklicherweise hatte niemand seinen verunglückten Fahrversuch ohne Führerschein beobachtet.

So einfach abhauen konnten wir bei dem entstandenen Schaden aber nicht. Ebenso unmöglich war es, die Polizei zu rufen: Wie hätten wir den Fahrversuch des führerscheinlosen, nicht mehr ganz nüchternen Acker erklären sollen? Und da auch ich zu viel getrunken hatte, schien es nicht ratsam, dass ich die Verantwortung für seine Tat übernahm. Guter Rat war also teuer.

Trotz des Alkoholspiegels erwachte Ackers gerade erblühendes diplomatisches Geschick, das ihm auch in seinem Politikerleben bei großen Katastrophen immer geholfen hat. Diese Technik ist so simpel wie wirkungsvoll: Durch nette Worte vom ursprünglichen Problem ablenken!

Gerhard befestigte einen Zettel am demolierten Zaun, auf dem er den Gartenbesitzer mit der Mitteilung beglückte, dass der Schaden in den nächsten Tagen wieder gerichtet werde. Dieses Versprechen hielten wir auch, so dass größerer Ärger mit dem Eigentümer vermieden werden konnte.

Durch die Aufregung war ich inzwischen halbwegs nüchtern und steuerte mein ramponiertes Auto selbst nach Hause. Neben mir saß ein merkwürdig nachdenklicher Acker. Ich schwor mir, ihm nie wieder ein Auto anzuvertrauen.

ACKER SPIELT DEN BOSS

Eine weitere Marotte hatte er inzwischen bis zur Perfektion entwickelt: Er spielte plötzlich die Rolle des Familienoberhauptes, und meine Schwestern waren die Opfer. Warum er so plötzlich die Züge eines Ersatzvaters angenommen hat, ist mir bis heute ein Rätsel geblieben.

Meine Schwestern, inzwischen recht hübsche Teenager, wurden von Acker wie von einem Hofhund bewacht. Wehe, er hatte an einem der Freunde, der Verehrer oder an einem Rendezvous etwas auszusetzen. Nicht nur meinen Schwestern mussten die Herren gefallen, sondern auch ihm, sonst gestattete er ihnen kein Tanzvergnügen und keine Verabredung. Seine Auswahlkriterien hierbei blieben im Dunkeln. Die Mädchen reagierten mit Wut und Auflehnung. Aber wie immer, wenn sich Acker etwas in den Kopf gesetzt hatte, hatten sie keine Chance zur Gegenwehr.

Einige Verehrer meiner Schwestern erlebten seine Unnachgiebigkeit hautnah und werden dies bestimmt nicht vergessen haben – so wenig wie ich die »Café-Eier-Nummer« vergessen habe, wie ich sie für mich nenne.

Acker war an einem Wochenende wie üblich Gast im »Hotel Mama«. Gemeinsam suchten wir unser Lieblingscafé auf, wo die Dorfjugend das Tanzbein schwang, nur Acker nicht. Wie immer waren einige nette junge Frauen zugegen, die mich aber nicht interessierten, denn ich war frisch und heftig verliebt!

Acker war inzwischen ein echter Vollzeitstudent, der Studium und politische Karriere als Sprungbrett nach oben ansah, hatte seinen hintergründigen Humor jedoch nicht verloren – was ich an diesem Tag zu spüren kriegen sollte: Meine Freundin Gisela lernte meinen Bruder an diesem Tag erstmals kennen. Das muss für ihn, der immer noch keine Beziehung zu einem Mädchen oder einer Frau hatte, ein Antrieb gewesen sein, seinen kleinen Bruder ein wenig zu blamieren.

Ich wollte natürlich vor Acker mit meiner neuen weiblichen Eroberung glänzen, andererseits aber auf Biegen und Brechen keinen Fehler machen; vor Gisela schon gar nicht. Noch heute weiß ich nicht, ob er geplant hatte, mich vor meiner neuen Freundin derart als Trottel erscheinen zu lassen.

Wir saßen auf unseren Stammplätzen an einem Tisch direkt an der Wand des Cafés. Acker schwadronierte über ein Rätsel, das er mit seinen Freunden in Göttingen angeblich nicht hatte lösen können. Er behauptete, keiner könne es schaffen, mit nur einer Hand ein rohes Hühnerei zu zerbrechen. Um dafür einen Beweis abzulegen, orderte er bei der Kellnerin sogleich ein Ei, nahm es zwischen Daumen und Zeigefinger und presste es mit aller Gewalt. Nichts geschah.

Damit weckte er natürlich meinen Ehrgeiz. Nun wollte ich unbedingt vor Gisela beweisen, dass ich es besser konnte. Mir, und wahrscheinlich auch Acker, war natürlich klar, dass man ein rohes Ei nicht auf die Weise knacken konnte, wie er es vorgeführt hatte. Wir wetteten also um ein Bier, und der rational denkende Lothar nahm sich mit stolzgeschwellter Brust des Problems an. Ich hielt das Ei nicht zwischen zwei Fingern, sondern mitten in der Hand und drückte zu. Sofort zerbrach das Ei mit lautem Knacken, das Eigelb machte sich selbstständig und spritzte über meine Kleidung bis zur Wand des Cafés. Acker lachte sich halbtot – ich lachte nicht. Auch vor Gisela stand ich trotz gewonnener Wette nicht gerade wie ein großer Held da.

ZIGARRE UND HELD

Es gab damals etwas, was wir beide sehr schick fanden und was Gerhard auch heute noch sehr liebt: Lässig eine Zigarre rauchen und dazu einen guten Wein trinken. Ein teures Vergnügen, gerade in einem vornehmen Hotel mit angeschlossenem Tanzcafé. Aber nichts war und ist Acker zu teuer oder aufwändig, wenn es darum geht, sich Bewunderung zu verschaffen. Wir bestellten also die teuren Köstlichkeiten – und ich zahlte ihm zuliebe die Zeche. Gisela sah sehr skeptisch aus, aber ich wusste ja, dass Acker im Gegensatz zu mir am Existenzminimum lebte. Für mich war das zwischen Brüdern normal: Wer mehr hat, der gibt! Einige Minuten später saßen wir mit qualmenden Zigarren und einer für damalige Verhältnisse sündhaft teuren Flasche Wein am Tisch und spielten das »Vosseler und Schröder haben es ganz dicke«-Spiel. Es war eine Illusion.

Die brüderliche Zweisamkeit beschränkte sich mittlerweile immer mehr auf die Wochenenden. Acker war mit seinem Studium und seiner politischen Karriere beschäftigt, ich mit meiner unmittelbaren Zukunftsplanung. Ich verdiente wirklich nicht schlecht, ging immer öfter auf Montage und genoss mein Leben als »Normalo« ohne große Ansprüche – etwas, das Acker und mich immer unterschied und noch heute unterscheidet. Ich suche das Glück im Kleinen und bin mit einem »normalen« Leben zufrieden, wenn man mir wenigstens die Chance dazu lässt.

Gerhard war sehr engagiert in der sozialpolitischen Arbeit der Jusos, und nichts war ihm wichtiger als soziale Gerechtigkeit für jeden Bürger. »Chancengleichheit« war ein Wort, das mir schon damals aus seinem Munde sehr gefiel. Zu dieser Zeit trug ich die politischen Ideen von Acker bedingungslos mit. Chancengleichheit auch für Leute aus »kleinen Verhältnissen« – das gefiel auch mir, und ich fand es gut, dass er sich so dafür einsetzte. Er begeisterte mich mit seinen Ausführungen und politischen Statements über eine gerechtere Gesellschaft, in der allen Menschen, egal welcher Abstammung oder aus welcher Schicht, die gleichen Chancen im Leben zustehen sollten.

Acker war ja selbst das beste Beispiel dafür, wie schwer es Kinder aus ärmlichen Verhältnissen haben, den ihnen zustehenden Platz in der Berufswelt zu erreichen. Heute, nach all meinen Erfahrungen, sehe ich seine Politik und Person in einem etwas anderen Licht – aber damals war Acker für mich fast schon ein Held.

HOCHZEIT

Während mein Bruder studierte und deswegen vom Wehrdienst freigestellt wurde, traf mich die Einberufung zur Bundeswehr. Aus war es mit dem schönen geregelten Einkommen. Nun war Ebbe in meiner Kasse. Es traf mich zu einem absolut ungünstigen Zeitpunkt: Kurz bevor ich zur Bundeswehr einrückte, hatten Gisela und ich beschlossen zu heiraten.

Mit Gisela wollte ich bis zum Ende meines Lebens die guten und schlechten Dinge teilen, da war ich mir absolut sicher. Und ob man es glaubt oder nicht, ich bin noch heute mit Gisela glücklich verheiratet. Im Gegensatz zu meinen Schwestern ließ ich mir bei meiner Entscheidung nicht von Acker hineinreden. So richtig versuchte er es auch gar nicht. Er kannte meinen Dickkopf, wenn es um Liebesangelegenheiten ging, und schließlich kümmerte ich mich auch nicht um sein Liebesleben.

Unser Beschluss zu heiraten war eine beinahe abenteuerliche Expedition, wenn man unsere desolate finanzielle Situation betrachtete. Der karge Sold reichte weder vorn noch hinten, und die Familie konnte auch nicht helfen. Eine Behausung für unser junges, durch den Wehrdienst zeitlich stark eingeschränktes Eheglück fanden wir bei Giselas Eltern, bei denen wir als Untermieter einzogen. Aber die nächsten Probleme standen bereits an. Wie sollten wir ohne Geld eine Hochzeitsfeier ausrichten?

Ein Sparguthaben war nicht vorhanden. Ich hatte mein Geld für den Lebensunterhalt ausgegeben oder in die Kasse meiner Familie eingezahlt, ohne mit einer Rückzahlung rechnen zu können. Nicht einmal genug Geld für einen neuen Anzug konnte ich aufbringen. Der Anzug, den ich Acker damals geschenkt hatte, existierte längst nicht mehr. Es war keine Hilfe zu erwarten. Immerhin stellte die Bundeswehr mir eine neue Uniform zur Verfügung, in der ich vor den Standesbeamten und den Pastor trat. Ich heiratete also als Wehrdienstleistender mit einer Spende des Verteidigungsministeriums. Acker war natürlich mein Trauzeuge.

Der Kontakt zwischen ihm und Gisela war vom ersten Moment an sehr distanziert. Das lag sicher auch an Gisela, die ihn in der Rolle des Familienoberhauptes nicht respektierte. Das hat sich bis heute nicht geändert. Ihr ist es völlig egal, dass ihr Schwager Kanzler ist. Ihr kommt es vor allem darauf an, wie sich ein Mensch seiner Familie gegenüber verhält und ob seine inneren Werte ihren Vorstellungen entsprechen. Titel, Macht und Reichtum sind für sie uninteressant.

Unsere Hochzeitsfeier war an Bescheidenheit nicht zu übertreffen, aber Gisela und ich waren glücklich. Nur der engste Familienkreis war anwesend, und eine private Feier im kleinsten Kreis ist manchmal schöner als ein großes, steifes Bankett für politische Showläufer und Promis.

Jeder Leser wird nun bestimmt fragen: Was schenkte der heutige Kanzler dem glücklichen Paar zur Hochzeit? Nichts. Aufgrund seiner finanziellen Situation verstanden wir das noch und akzeptierten es ohne Murren. Als aber mein Sohn, Ackers Neffe, zu einem Zeitpunkt heiratete, als Gerhard schon Kanzler war, erhielt das Brautpaar nur ein Telegramm als »Geschenk«. Nicht nur wir, die Eltern, waren enttäuscht, sondern auch mein Sohn und dessen Angetraute. Es geht dabei nicht darum, eine möglichst große Summe Geld oder ein großes Geschenk zu erhalten – es geht um die Geste, darum, dass der eine daran denkt, dem anderen eine Freude zu machen. Ich finde es schade, dass Acker das manchmal vergisst.

Seine Aufgabe als Trauzeuge hat Acker bei meiner Hochzeit mit politischer Grandezza gemeistert. Das überrascht nicht, schließlich entsprachen Gisela und ich nach sozialdemokratischer Auffassung dem Bild eines Ehepaares mit »Notstandsausstattung«, denn Gisela und ich hatten fast keine der notwendigen Dinge für eine Hausstandsgründung, ganz zu schweigen vom Geld für einen Hochzeitsanzug für mich. Aber Gisela und ich hatten einander, und ich glaubte immer noch an das, wofür Acker kämpfte: die Chancengleichheit aller Bürger. Also konnten wir es mit dem nötigen Fleiß doch auch schaffen, es zu etwas bürgerlichem Wohlstand und Zufriedenheit zu bringen. Wenn man uns ließ und uns fair, wie andere auch, behandelte. Das Schicksal hatte jedoch einen anderen Weg für uns vorgesehen.

KEIN GLÜCK BEI DEN FRAUEN

Gisela und ich hatten unsere erste eigene Wohnung bezogen. Ich hatte meine Bundeswehrzeit hinter mir und verdiente endlich wieder anständig Geld. Also stand einem ersten eigenen Heim nichts mehr im Wege. Zwar war die Einrichtung der Wohnung ohne einen kleinen Bankkredit nicht zu bezahlen, aber darüber mussten wir uns bei meinem Verdienst keine Sorgen machen. Den Kredit konnten wir in kürzester Zeit zurückzahlen.

Es dauerte, bis wir eine passende Wohnung fanden, doch dann war unser Glück vollkommen. Eine traumhafte Wohnung, mit Bad, Küche und zwei Wohnräumen – und auch noch bezahlbar!

Während meiner Bundeswehrzeit war ich ja nur selten zu Hause gewesen, meist nur an den Wochenenden. Unsere Ehe war also nur eine Wochenendehe. Dies sollte sich nun sofort und rigoros ändern. Wir wollten nun wie ein normales Ehepaar leben, jede mögliche Sekunde miteinander verbringen. In unseren Augen hatten wir in vielen Dingen eine Menge nachzuholen. Mein Einkommen war wirklich nicht schlecht, ich hatte sofort nach meiner Entlassung aus der Bundeswehr eine fantastische Stellung gefunden. Damals waren Arbeitskräfte eben noch sehr begehrt, und es war wirklich kein Problem, eine gute Anstellung zu finden. Lang, lang ist's her!

An den Wochenenden bastelten wir in unserer Wohnung herum. Ich bin handwerklich nicht unbegabt, und so sparten wir viel Geld für Fachleute. Wir gaben uns alle Mühe, dass aus unserer Behausung ein echtes Schmuckstück wurde. Ich schreinerte, tapezierte, malerte und war in meinem Element. Wir genossen diese Zeit. Gisela widmete sich der Küche, und nie werde ich unser erstes gemeinsames, improvisiertes Mittagessen in unserem eigenen kleinen Reich vergessen. Das gilt aber auch für die erste Nacht. Wir schwebten auf einer riesigen Glückswolke und sahen optimistisch in die Zukunft, wir hatten ja eigentlich auch allen Grund dazu.

Unsere Wohnung war klein, aber fein. Keine Wohnung unter dem Dach mehr, keine Schwiegereltern, die aufgrund eines knarrenden Bettes unfreiwillige Zeugen unseres Ehelebens wurden. Gemeinsam schlenderten wir durch die Möbelhäuser und Geschäfte. Leider hatten Gisela und ich völlig verschiedene Geschmäcker, was Möbel betrifft. Also waren rege Diskussionen erforderlich. Das geht aber wahrscheinlich jedem jungen Paar so, das sich erstmals einen gemeinsamen Hausstand zusammensucht. Zwei Welten prallten aufeinander. Gisela ist der romantische Typ, sie wollte zierliche Möbel, die Wärme, vor allem aber ein Nestgefühl ausstrahlen, fast eine Puppenstube. Ich bin mehr der praktische Mensch, wollte ein großes bequemes Sofa, einen Wandschrank, in dem man viel verstauen konnte, und was noch wichtiger für mich war: Alles sollte akribisch zueinander passen. Natürlich ging diese Rechnung nicht auf. Unsere erste Wohnung war ein Sammelsurium der unterschiedlichsten Möbelstücke. Aber, oh Wunder, als die Möbel angeliefert wurden, stellte Gisela die Einrichtung so zusammen, dass alles dann doch irgendwie zusammenpasste. Ich war begeistert, und nachdem der gesamte Hausrat verstaut war, konnte unser Eheleben endlich beginnen. Unser damaliges Schlafzimmer werde ich nie vergessen. Gisela hatte ihre ganze Kreativität dort hineingesteckt, und ich liebte unsere Kuschelburg.

Meine Frau sah sich natürlich auch als perfekte Gastgeberin und wir beschlossen: Unser kleines Glück, unser Nest, dürfen auch andere Menschen bestaunen. Nachdem unsere Familien zu Gast gewesen waren und unser Paradies besichtigt hatten, waren nun Freunde dran. Heute würde man solche Treffen spontane Partys nennen, damals war es ein sehr gesittetes Kaffeetrinken am Sonntagnachmittag. Also gab es Kaffee, Kuchen, einen kleinen Likör, später vielleicht auch ein Glas Wein, Bier und etwas gedämpfte Musik.

Apropos Musik: Mein ganzer Stolz war eine monströse Musiktruhe mit Schallplattenspieler. Ein echtes Luxusmodell, das ich für absolut wichtig, ja notwendig hielt, als ich es kaufte, während Gisela diese Investition natürlich als total überflüssig ansah. Das Geld hätte man ihrer Meinung nach lieber in Porzellan oder die letzte, die ultimative Erfindung an Kochtöpfen investieren sollen. Aber ich hatte meinen Kopf durchgesetzt, und nun konnte unser Besuch immer die neuesten Hits aus der Vosseler-Musiktruhe anhören.

Wir hatten inzwischen schon einige nette Nachmittage in unserem Nest mit Freunden verbracht. Ich hielt es nun für angebracht, auch Acker unser Heim vorzuführen. Acker war vollauf mit dem Studium beschäftigt und jobbte nebenbei als Bauhelfer. Er würde sich bestimmt für unsere Wohnung interessieren und sich gern als Gast verwöhnen lassen. Also begannen wir mit der Planung des Nachmittags. Acker studierte in Göttingen

Jugendfoto von Lothar Vosseler.

Dorfansicht von Talle um 1930. Die Familie wohnte
im halb angeschnittenen Haus am rechten Bildrand.

Die Hochzeit von Lothar Vosseler 1968, auf den Fotos die Braut Gisela Vosseler,
deren Mutter (nur linkes Bild) und Gerhard Schröder als Trauzeuge.

Kaffeetrinken beim Geburtstag vom Schwiegervater, 6.12.1970.

Als Operator bei der Arbeit an der EDV-Systemkonsole, 1972.

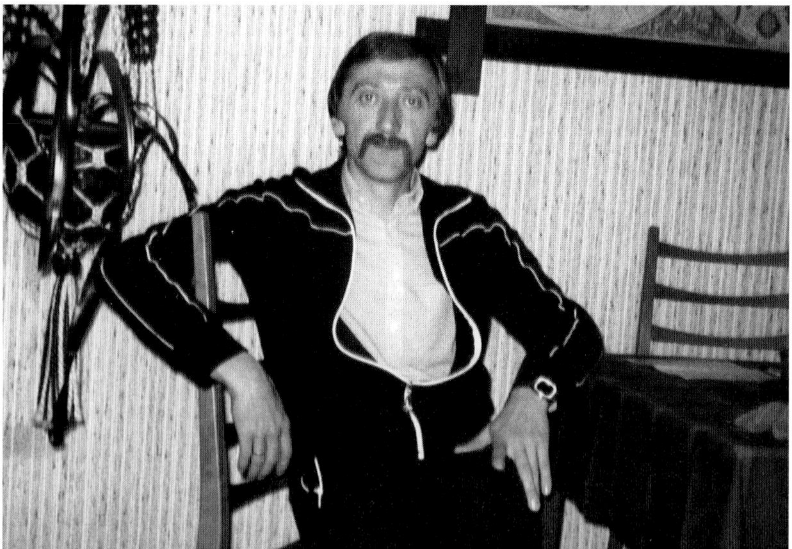

Im Trainingsanzug am Esszimmertisch, 1977.

Als Trainer einer Jugendfußballmannschaft, 1980.

Lothar und Gisela Vosseler, 1977.

Kranzniederlegung am Grabmal von Atatürk auf der Türkeireise im Jahr 2000.

Lothar Vosseler auf dem Kamel – dem türkischen Fernsehen ist es eine ausführliche Berichterstattung wert.

Einladung zum Teetrinken, Türkeireise 2000 beim Gouverneur des Gebietes um Nevsehir.

Lothar Vosseler mit dem Bürgermeister von Ürgüp – der Stadt, deren Ehrenbotschafter er ist. Immer dabei: das Fernsehteam.

Gerhard Schröder liest der Mutter aus der Zeitung vor – 85. Geburtstag, 1998.

Lothar Vosseler beim 90. Geburtstag der Mutter im Jahr 2003 mit seiner Schwägerin Doris Schröder-Köpf. Vom Kanzler sieht man leider nur den Arm und die Zigarre!

Als Beschäftigter der Kanalmüller-Gruppe in Arbeitskluft vor Kanzlerwahlplakat, 2000.

Türkeireise 2001: Gisela & Lothar Vosseler im Kinderheim von Ürgüp, bei der Übergabe der in Deutschland gesammelten Sportbekleidung.

Als Ehrengäste bei einer Hochzeitsfeier in Ürgüp, Türkeireise 2001.

Beim Ehrentanz auf der türkischen Hochzeitsfeier, Türkeireise 2001.

Trauzeugen und Ehrengäste auf der türkischen Hochzeit, Türkeireise 2001.

Gisela und Lothar mit Mutter Schröder/Vosseler beim Spaziergang auf Mallorca, 2002.

Als Touristenhändeschüttler und Begleitperson auf dem Transferboot zum Tauchbootliegeplatz, Mallorca, 2002.

Lothar Vosseler auf dem Balkon seiner Wohnung in Palma Nova, Mallorca, mit seiner Mutter.

Gerd & Lothar: Ein Familientreffen

Der Kanzler und sein Bruder: Viel Gesprächsstoff nach einem Jahr

Von THOMAS GOLDAU

exp **Lemgo** – Seit der Geburtstagsfeier ihrer Mutter vor über einem Jahr haben die Brüder Gerhard Schröder und Lothar Vosseler sich nicht mehr gesehen. Gestern besuchte der Kanzler seine alte lippische Heimat. Dem Museum sollte er ein 200 Jahre altes Transportschiff übergeben.

Das Schloss Lemgo-Brake zur Mittagszeit. Lothar Vosseler, der jeden Freitag im EXPRESS über die Politik seines Bruders schreibt („So sehe ich es"), steht am schmiedeeisernen Tor, beobachtet das Eintreffen der anderen Ehrengäste.

Dann erfüllt ein Dröhnen die Luft, ein Hubschrauber taucht auf. „Da sitzt der Kanzler drin", sagt ein Sicherheitsbeamter. Lothar Vosseler lächelt: „Ist der Finanzminister Schleußer nicht auch immer zu einem Boot geflogen? Hoffentlich hat der Gerd sich den Flug genehmigen lassen. Den Schleußer hat das schließlich den Job gekostet."

Plötzlich kommt Bewegung in die wartende Menge. Kanzlergattin Doris Schröder-Köpf geht den Schlossweg hoch. Ihr Blick fällt auf Lothar Vosseler. Sie lächelt. Dann ihre besorgte Frage: „Erholst du dich gut von der Operation, Lothar?" Vor einigen Wochen hatte Lothar Vosseler zwei verstopfte Venen in den Beinen durch künstliche ersetzen lassen müssen. „Das Stehen macht noch etwas Probleme", sagt er, „aber es wird schon besser." Und Zigaretten hat er seit der Operation auch nicht mehr angerührt.

Gemeinsam gehen die beiden die Treppen zum Kellergewölbe des Schlosses hinab, wo Schröder das Schiff offiziell übergeben soll. Der kommt nach einigen Minuten, begrüßt innig seine Frau und herzlich seinen Bruder. „Was machst du denn für Sachen?" fragt Gerhard Schröder seinen Bruder. Lothar Vosseler schmunzelt: „Das mit den verstopften Venen ist nur passiert, weil ich immer diese billigen Zigaretten geraucht habe. Mit deinen teuren Zigarren wär mir das erspart geblieben …"

Dann ist die lang erwartete Kanzlerrede fällig. Es wird eine sehr persönliche Rede, voller Erinnerungen an die gemeinsame Jugend im Lippischen. „Früher war in der Nähe vom Schloss das Gesundheitsamt. Da mussten wir alle Jahre zum Röntgen hin. Und an die alte Lungenheilanstalt habe ich auch nicht die besten Erinnerungen." Lothar Vosseler weiß, wovon sein Bruder spricht: „Mein Vater, Gerds Stiefvater, hat viele schwere Jahre dort gelegen."

Dann drängt die Zeit. Der Kanzler ist spät dran, muss zum nächsten Termin. Ein Händedruck mit dem Bruder. „Machs gut." „Du auch." Ein Winken durch die Panzerglasscheibe des Kanzler-Audi, das Familientreffen ist vorbei. Lothar Vosseler blickt der schwarzen Limousine hinterher: „Wenn ich wieder ganz gesund bin, fahren meine Frau Gisela und ich für ein Wochenende nach Berlin."

Herzlich begrüßt Bundeskanzler Gerhard Schröder seinen Bruder Lothar auf Schloss Brake bei Lemgo, wo sich beide nach mehr als einem Jahr wieder sahen. Jetzt will Lothar nach Berlin. Fotos: Arend

Doris Schröder-Köpf, die Kanzlergattin, war überglücklich, ihren Schwager, den EXPRESS-Kolumnisten Lothar, wieder zu sehen.

Sie hätten sich noch so viel zu sagen gehabt. Doch die Zeit für Kanzler Gerhard Schröder und seinen Bruder Lothar Vosseler war nur kurz.

KARRIEREN

Guck mal, der Gerd

Der Halbbruder des Kanzlers hat gleich zwei Jobs: Er ist Kanalarbeiter und bewertet als Zeitungskolumnist Gerhard Schröders Politik.

Irgendwann im Leben, ziemlich früh vermutlich, gibt es eine Weggabelung, und da muss man die richtige Entscheidung treffen. Denn die zwei Wege können in sehr unterschiedliche Richtungen führen – der eine beispielsweise in die Kanalisation und der andere ins Bundeskanzleramt.

Die Halbbrüder Lothar Vosseler, heute 52, und Gerhard Schröder, heute 55, mussten sich entscheiden, als sie mit 12 Jahren die Volksschule verließen. Lothar lernte Heizungsmonteur, ging zum Bund, traf seine heutige Ehefrau, fuhr Arzneimittel aus, war EDV-Fachmann, vier Jahre lang arbeitslos und ist Kanalarbeiter. Gerhard lernte Einzelhandelskaufmann, machte im Abendkurs die mittlere Reife, auf dem zweiten Bildungsweg das Abitur, war Lothars Trauzeuge und studierte in Göttingen Jura. „Ich werde Minister", sagte er mit 18, wurde Minister, Ministerpräsident und ist Bundeskanzler.

Zufall? Hätte alles auch andersrum kommen können? „Vielleicht", sagt Lothar Vosseler, „aber Gerhard war ehrgeiziger. Der hat immer erreicht, was er wollte."

Die beiden Brüder, die dieselbe Mutter, aber verschiedene Väter haben, teilten sich fast zwei Jahrzehnte lang ein Zimmer. Sie gaben sich Spitznamen: Lothar hieß „Zwockel", Gerhard „Acker"; wieso, das weiß Vosseler nicht mehr. Sie machten, was Jungs damals so machten auf dem Land: schlichen auf den Bauernhof und schossen den Bullen „Krampen an die Eier" (Vosseler), klauten und schlachteten Hühner, stahlen Kirschen aus Kellern.

Und am lustigsten war es, als das Mädchen Rosemarie, das aus guter Familie stammte, den verliebten Gerhard zurückwies, weil der arm war. Da rührten die Brüder Kalk an und kleisterten bei Rosemaries Familie die Fenster zu – nie kam heraus, dass Schröder der Täter war.

Drei Mark Taschengeld bekam der junge Gerhard damals. Und als rote Blousons schwer in Mode waren, nahm die Mutter noch eine Putzstelle an, damit ihre Söhne auch welche bekamen. Dann steckte der künftige Kanzler eine Böschung an, und weil „das Scheißfeuer immer höher loderte" (Vosseler), mussten sie es mit den neuen Blousons ausschlagen. Das war das einzige Mal, dass die Mutter richtig sauer war.

Die Brüder spielten Fußball beim TuS Talle. Lothar war Rechtsaußen, und Gerhard, sagt Lothar, „war ein draufgängerischer Mittelstürmer und vor 40 Jahren quasi der erste deutsche Profi": Der Bezirksligist spendierte seinem Helden, der beim 4:2 in Detmold drei Tore geschossen hatte, Bahnfahrten und Mittagessen.

So also war das damals.

Heute regiert Gerhard die Republik, Lothar fährt von Gully zu Gully, und dem Kölner „Express" gelang der Coup, den Bruder des Kanzlers als Kolumnisten zu verpflichten. Jeden Dienstag telefoniert ein Redakteur mit Vosseler, donnerstags liest der Journalist ihm den Text vor, und freitags steht dann „So sehe ich es" in der Zeitung. „Wir wollen die sehr weggerückte Politik menschlicher machen", sagt Chefredakteur Thomas Ruhmöller.

Vosseler schreibt: „Als ich den Gerd vor ein paar Tagen in den Nachrichten gesehen habe, wie er bei seinem China-Besuch mit Stäbchen gegessen und dazu grünen Tee getrunken hat, machte er keinen sehr glücklichen Eindruck. Ein Schnitzel und ein frisch gezapftes Pils wären ihm ganz bestimmt lieber gewesen."

Angst muss der Kanzler nicht haben, denn Vosseler ist nach eigener Ausage zwar „maßlos enttäuscht, dass nach 16 Jahren Vorbereitung der Start der Regierung so voll in die Hose ging", aber er bleibt doch „bruderfreundlich und nicht zersetzend" (Ruhmöller). Richtig findet er die Renten-

Kanalarbeiter Vosseler
„Gerhard war ehrgeiziger"

politik, ebenso die Holzmann-Rettung, und besonders richtig findet er, dass Oskar Lafontaine nicht mehr mitmischt: „Ich habe gleich gedacht, der treibt ein schlechtes Spiel mit Gerd." Voller Stolz auf „den Großen" wählt Vosseler natürlich SPD.

Und zu Hause in Detmold sitzt er vor einem Regal mit Zinnbechern und einem Christbaum mit roten Kugeln und raucht Lux Filter. An einer Tür hängt ein signiertes Wahlplakat des Kanzlers, gegenüber das Demo-Poster „Defekte Abwasserkanäle". Und wenn Schröder im Fernsehen ist, sagt Vosseler: „Guck mal, der Gerd."

Der Kontrast, das ist ihm klar, könnte größer nicht sein. Schlimm war es aber bloß in jenen Jahren, als Gerd mit Hillu verheiratet war: „Die ist abgehoben, wollte weder mit mir noch mit Mutter was zu tun haben." Zum Glück hat sich das erledigt; jetzt gibt es Doris, und die „pflegt den Kontakt".

Vosseler schreibt: „Zwischen den Gerd und mich passt nämlich wirklich kein Blatt Papier."

Schließlich hat auch Lothar Vosseler vom Aufstieg des Gerhard Schröder profitiert. Klar, dass der „Express" nicht jeden Kanalarbeiter schreiben lässt – gefragt ist Kanzlers Bruder.

Die Krönung ist, dass der im Frühling seinen ersten Staatsbesuch machen darf. Der Bürgermeister des türkischen Ürgüp hat ihn samt Ehefrau zum Urlaub eingeladen und will Vosseler wegen erwiesener Türkenfreundlichkeit zum Ehrenbürger machen. Wie der Gerd wird der Lothar dort aber nicht auftreten: „Badesachen und Trainingsanzug müssen reichen."

KLAUS BRINKBÄUMER

Ehepaar Vosseler, Trauzeuge Schröder (r.)*: *Spitzname „Acker"*

* Mit Verwandten am 29. Mai 1968.

Links: Express vom 2.2.2000; oben: DER SPIEGEL Nr. 43 vom 6.12.1999

Früher flirtete Gerhard mit der FDP

Schröder-Bruder schreibt Buch über den Kanzler

Von HANS-WILHELM SAURE

„Zwölf Jahre meines Lebens habe ich mit meinem Halbbruder Gerhard in einem Zimmer geschlafen und den größten Teil der Freizeit verbracht. Das Umfeld, in dem wir aufwuchsen, war eine Bauernhoftristesse, an der das Wirtschaftswunder vorbeigegangen war."

Mit diesen Sätzen beginnt Lothar Vosselers Biographie „Der Kanzler, leider mein Bruder, und ich." Am 7. Dezember kommt das Buch in den Handel, einige Kapitel erscheinen ab Freitag in der neuen „Taschentuchzeitung" (gibt's am Kiosk). BamS druckt vorab Auszüge.

„Möbliert war unser winziges Jungenzimmer mit zwei uralten, knarrenden Holzbetten und zwei kurz vor dem Zusammenbruch stehenden alten Holzstühlen. Weitere Möbel gab es nicht. Nicht einmal einen Kleiderschrank. Natürlich gab es auch keine Wasserspülung in dem Haus, sondern nur ein Plumpsklo auf dem Hof", schreibt Vosseler.

„Jeder Morgen begann in unserem Zimmer mit demselben Theater. Der Wecker riß mich zwar rechtzeitig aus dem Schlaf, aber nicht meinen ewig verschlafenden und den Tagesanfang ignorierenden Gerhard." Wenn Lothar seinen älteren Bruder geweckt hatte, kämpften die Brüder um die beste Wurst am Frühstückstisch. „Das Gerangel um die Köstlichkeiten gewann zumeist Gerhard. Er war eben schon damals zielbewußter, trickreicher und vor allem durchsetzungsfähiger."

Vosseler verrät in seinem Buch, daß er mit dem heutigen Kanzler sogar stibitzte. „Die Bauersfrauen kochten leckeres Obst und Gemüse ein und stellten die Gläser immer zum Abkühlen auf die Fensterbänke. Ein böser Fehler, wenn wir als Duo in der Nähe waren. Anschleichen und zugreifen war eins. Aber grundsätzlich stand Gerhard nur Schmiere und wartete auf mich und die Beute."

Der 57jährige berichtet, daß die Brüder dem CVJM (Christlicher Verein Junger Männer) beitraten, weil es bei den wöchentlichen Treffen einige Biere umsonst gab. Einmal legten sie Feuer, das fast zu einem Großbrand ausgeartet wäre. Über Schröders erwachendes Interesse an der Politik enthüllt der Bruder: „Er flirtete zunächst heftig mit der Jugendorganisation der FDP, den Jungliberalen."

Erster Blick in das neue Buch von Lothar Vosseler über Halbbruder Gerhard Schröder

Wie ein Förster den Kanzler jagte

BERLIN – Am Freitag erscheint in der Taschentuch-Zeitung „Bürgertrichter" ein erster Vorabdruck des Buches von Kanzler-Bruder Lothar Vosseler, 57. Ganz Deutschland fragt sich: Was wird drin stehen in „Der Kanzler, leider mein Bruder, und ich"? Ein paar Antworten gibt Vosseler diese Woche selbst – exklusiv in der „BZ".

Was steht also in der Biographie? „Mein Leben eben, also auch die Zeit mit Acker, so wurde Gerhard genannt. Wir teilten ja zwölf Jahre ein Zimmer, da gibt's schon viel zu erzählen. Wir waren ein richtiges Team. So wie Bud Spencer und Terence Hill. Nur, daß ich Bud war, obwohl ich doch der Jüngere bin. Acker war eher der Verschlagene, der sich nur im Ernstfall einmischte." In was für Situationen mußte er denn den Kopf für seinen großen Bruder hinhalten? „Wir hatten ein großes Hobby – Wipfelspringen. In luftiger Höhe schwangen wir uns von einer zur anderen Tanne. Schon da lernte Acker Balance zu halten, wie in der Politik. Oft ging's aber auch schief und wir landeten auf dem Waldboden, holten uns Schrammen und blaue Flekken. Gefährlicher aber, war der Förster. Wenn der uns erwischte, trennten wir uns und rannten in verschiedene Richtungen. Natürlich wurde immer ich, der Schmächtigere verfolgt. Für meinen Bruder war's also ein gefahrloser Spaß, er war mal wieder fein raus." Vosseler weiter: **„Weihnachten haben wir unsere Christbäume in der Schonung besorgt. Mutter hat sich immer gefragt, wo die herrlichen Tannen herkamen. Wir haben uns Geschichten ausgedacht, ihr nie die Wahrheit gesagt."**

Warum dann jetzt ein Buch darüber? „Ich möchte ehrlich sein. Als ich den Entschluß faßte, war ich schon jahrelang arbeitslos, sah es als Weg Geld zu verdienen. Die Wahl meines Bruders zum Bundeskanzler hat mich in echte Schwierigkeiten gebracht. Wir waren total unvorbereitet, bekamen keine Hilfe. Also beschloß ich, das beste aus der Sache herauszuholen. Außerdem ist unsere Geschichte doch interessant für die Menschen."

Lesen Sie morgen in „BZ": Lothar und Acker werden erwachsen. Frauen und Politik, statt Wipfelspringen. stepi

Autor Ernest Buck, 48, schreibt die Vosseler-Biographie Fotos: Massine, Thierlein, Privat

Kanzler-Bruder Lothar Vosseler den 70er Jahren

Schmerzensgeld für Kanzlerbruder

Lothar Vosseler plaudert private Anekdoten seines Halbbruders Gerhard Schröder aus

Was Sie noch nicht über Gerhard wussten

Lothar Vosseler in den Medien, 2004

und war dementsprechend finanziell immer sehr klamm. Gisela und ich beschlossen, ihn so richtig zu verwöhnen. Er sollte für einige Stunden den Studiumsstress und seine anderen Sorgen vergessen.

Gisela lud, absolut ohne jeden Hintergedanken, auch noch eine Freundin von sich zu dem Kaffeetrinken ein. Ich kannte diese sehr attraktive Freundin. Dass Acker inzwischen auch die holde Weiblichkeit entdeckt hatte, wusste ich, aber nicht, ob er gerade in Göttingen eine Flamme hatte, oder ob er solo war. Das war eigentlich auch egal, schließlich wollte ich mit Acker bei Kaffee, Kuchen, Bier und Wein einfach nur quatschen. Gisela und ihre Freundin könnten sich ja über Mode oder den letzten Tratsch unterhalten, sie würden uns bei unserem Männergespräch schon nicht stören. Dann kam es aber völlig anders.

Die Freundin von Gisela traf zuerst ein, und wirklich, nichts gegen meine Gisela, aber dieses Fräuleinwunder konnte einem als Mann schon den Atem rauben. Gisela hatte den Kaffeetisch mit viel Liebe gedeckt. Salzstangen, Kuchen, Knabbergebäck, Kaffee, Getränke und natürlich das gute Porzellan für besondere Anlässe bedeckten fast den gesamten Tisch. Die Servietten hatte Gisela akribisch gefaltet und natürlich auch Blumen nicht vergessen.

Meine Frau platzierte ihre Freundin auf unserem bequemen Sofa, und nun warteten wir auf Acker. Gisela und ich saßen auf Stühlen. Sie waren für die damalige Zeit absolut modisch, ich fand sie aber zu unbequem. Da Acker noch auf sich warten ließ, führte Gisela ihre Freundin voller Stolz durch unser Nest. Ich hörte: »Oh, ist das aber romantisch, Gisela, wo hast du diese Lampe denn entdeckt? Die Farbe der Vorhänge harmoniert ja wunderbar mit den Bettbezügen!«

Das hörte nicht auf; ich weiß wirklich nicht, warum Frauen in Möbeln und anderen Ausstattungsutensilien einer Wohnung Dinge sehen, die wir Männer nie erkennen würden. Aber egal, der Freundin gefiel unser Nest, und nun fehlte nur noch Acker, damit ich mich nicht langweilte. Derweil erzählte ich Giselas

Freundin voller Stolz einige Dinge über Acker. Ich schwärmte in den höchsten Tönen: von seiner Scheu, seiner menschlichen Zurückhaltung, von seinem Ehrgeiz und dem Willen, das Studium unbedingt mit hervorragenden Noten abzuschließen. Ich schwärmte ihr von dem Geistesmenschen Acker vor, der selbst auf dem Fußballplatz sein Gehirn zu Höchstleistungen antrieb und damit als Mittelstürmer Erfolge feierte. Irgendwann muss die Freundin wirklich gedacht haben: Da kommt gleich der Traummann herein, schüchtern, aber süß!

Und dann kam Acker endlich, in seinem Studentenzivil zwar etwas unpassend für so einen Nachmittag gekleidet, trotzdem aber ein Augenfang für jede Frau. Seine selbst heute noch sehr sportliche Figur, sein Charme und die betonte Lässigkeit verfehlten auf Frauen schon damals nicht ihre Wirkung. Ja, er machte wirklich was her, war ein fescher Kerl!

Acker wartete gar nicht erst ab. Unsere Wohnung schien ihn überhaupt nicht zu interessieren. Er hatte sofort nur Augen für die Freundin. Ich dachte mir: Acker, vergiss sie! Die ist nicht deine Kragenweite, kann von Typen wie dir bestimmt an jedem Finger zehn haben, und außerdem, Gisela und ich sind auch noch da! Wie selbstverständlich setzte Acker sich neben Giselas Freundin, musterte sie voller Begeisterung – und dann legte er los. Er nahm das halbe Sofa in Beschlag, schlürfte seinen Kaffee und plusterte sich auf wie ein Pfau in Hochzeitslaune.

Selbst ich, der Ackers Essverhalten nur zu gut kannte, war von der Schnelligkeit des nun folgenden Wort- und Esswechsels überrascht. Er redete ununterbrochen: über Politik, das Studium, seine Ziele, über Zukunftserfolge aller Art. Mit jedem Satz wuchs Acker um einige Zentimeter. Wenn Acker eine kurze Pause einlegte, nahm er ein kleines Stückchen Kuchen und einen Schluck Kaffee, würgte alles schnell hinunter, oder ein kleines Likörchen, auch schnell runter damit, ein paar Salzstangen hinterher, einen Schluck Bier ... und weiter ging es mit seinem Vortrag. Dass er inzwischen etwas peinlich wirkte, dass das Mädchen voller Verzweiflung oder Ratlosigkeit bettelnde

Blicke in Richtung Gisela warf, war Nebensache für Acker. Genauer gesagt, er bekam das überhaupt nicht mit. Aber wie sollte ich Acker stoppen?

Ich versuchte, mit ihm über Fußball zu reden: keine Chance. Ihm meine Musiktruhe zu zeigen, ihn durch die Wohnung zu führen: auch keine Alternative in seinen Augen. Acker dachte wohl: Nur keine Zeit verlieren, irgendwann fährt der Zug zurück nach Göttingen, und bis dahin muss die Burg neben mir gestürmt worden sein! Aber die Burg hatte panisch alle Zugbrücken hochgezogen, eine ganze Armee von grimmigen Soldaten in sich versammelt und war nur noch aus Höflichkeit bereit, den befremdlichen Liebesherold anzuhören. Acker blieb davon gänzlich unberührt und redete ohne Unterbrechung. Er wollte Eindruck schinden, seine männliche Seite betonen und bemerkte nicht, dass er in mächtige Fettnäpfchen trat. Auch alle Versuche Giselas, die Situation zu retten und ihren Schwager zu bremsen, scheiterten.

Acker hielt dies wirklich durch, bis er los musste. Ich glaube heute: Die Freundin meiner Frau ist nur nicht vor ihm gegangen, weil sie befürchtete, Acker würde sie begleiten und weiterreden! Als Acker gegangen war, mussten Gisela und ich uns einiges von der Freundin anhören. Sie fand meinen Bruder wohl ziemlich unerzogen ... Das saß, und ich wäre am liebsten unter unseren neuen Teppich gekrochen. Es kam aber noch heftiger. Die Freundin bat Gisela mit ernster Stimme darum, sie doch bitte nie mehr einzuladen, wenn auch Acker kommen würde.

Gisela war wütend und mir war es peinlich, und ich hatte mich wirklich auf den Nachmittag und Abend mit Acker gefreut. Er hatte noch nicht einmal die ganze Wohnung gesehen, und wir hatten kaum miteinander gesprochen.

Warum Acker ausgerechnet an diesem Tag so aufdrehte, weiß ich bis heute nicht. Aber wenn ich ihn fragen würde, ob er sich an diesen Tag noch erinnert und ob er überhaupt bemerkt hatte, wie sehr er sich damals wie ein Elefant im Porzellanladen benommen hat, würde er wahrscheinlich abwinken.

Aber ich halte ihm zugute: Jeder verliebte Mann macht sich mal zum Trottel und schießt über das Ziel hinaus, auch ein späterer Bundeskanzler hat darauf ein Recht.

2. KAPITEL

Der Mann aus Talle auf dem Weg zur Spitze

ACKER IM FERNSEHEN

In den nächsten Jahren sah ich Acker entweder bei den obligatorischen Familienfeiern, dann tranken wir wie früher unser Bierchen, oder ich sah ihn immer öfter im Fernsehen. Ich war immer noch überzeugter sozialdemokratischer Wähler und stand hinter Gerhards Politik. Er war ein Politiker für die kleinen Leute, setzte sich vorbehaltlos für die Interessen der Arbeitnehmer und der Benachteiligten dieser Gesellschaft ein.

Zu dieser Zeit war ich stolz auf meinen Halbbruder. Er redete nicht nur, sondern packte die Probleme, meiner Meinung nach, an den Wurzeln. Er war damals, so empfand ich es, kein angepasster, karrieresüchtiger Politiker, der Politik als Geschäft sah und sich nur einen gehobenen Posten verschaffen wollte. Mir war immer wichtig, dass sich der Acker, den ich als meinen Halbbruder kannte und liebte, nicht von seinen Wurzeln entfernte. Ich wünschte ihn mir immer hundertprozentig glaubwürdig und ehrlich, als einen Politiker, der wegen seines Engagements und seiner politischen Visionen die Karriereleiter erklomm, ohne sich um die Macht zu balgen. Bis zum Wahltag 1998 stand ich ganz auf seiner Seite. Danach sollte sich vieles ändern.

Ein Kanzler Schröder hieß 1998 für mich unter anderem: Faire Chancen für alle, echte soziale Gerechtigkeit, kein pures Machtstreben, kein Kleben am Kanzlersessel um jeden Preis. Gerhard Schröder in diesem hohen Staatsamt bedeutete für mich einen Kanzler, der die Kritik des Volkes nie überhören würde, und vor allem einen Kanzler, der nie vergessen würde, woher er stammte. Ich glaube, viele Bürger dachten ebenso, als sie Acker zum Kanzler wählten und nach Jahren der Regierung Kohl einen Aufbruch zu neuen Ufern wollten. Es ging Deutschland trotz aller Schwierigkeiten damals nicht schlecht, aber der alte Kanzler hatte die Probleme der neunziger Jahre einfach zu lange ausgesessen und nicht entschieden genug gehandelt. Kohl hatte das Vertrauen der Menschen verloren und wurde deshalb abgewählt. In meinen Acker hingegen hatten immer mehr Menschen ihr Vertrauen gesetzt. Er war glaubwürdig, volksnah, und er sah auch verdammt sympathisch aus – auch das ist ja sehr wichtig in unserer Mediengesellschaft.

Und so konnte es nach Meinung der meisten Deutschen und auch meiner Meinung nach unter Kanzler Gerhard »Acker« Schröder endlich wieder bergauf gehen, mit mehr Chancen für viele immer noch benachteiligte Menschen und mit einer ganz ehrlichen Politik. Wie sehr nicht nur ich mich täuschte! Aber ich greife vor, denn wir sind noch nicht so weit mit unserer Geschichte.

BLÜHENDE LANDSCHAFTEN?

Mein Halbbruder Gerhard Schröder war Ministerpräsident von Niedersachsen und ich war völlig überraschend arbeitslos geworden. Während Acker als Ministerpräsident und Landesvater brillierte und an menschlichem und politischem Ansehen gewann, quälten mich schlimmste existenzielle Sorgen und Seelennöte. Meine Frau Gisela, mein heranwachsender Sohn Nickos und ich lebten in Detmold, einer kleinen, sehr gepflegten Stadt. Nun musste ich versuchen, als Arbeitsloser meine Familie über die Runden zu bringen und nicht an der Situation zu verzweifeln.

Jeder, der seinen Job verliert, kann ein Lied davon singen, wie dramatisch sich die gesamten Lebensumstände plötzlich verändern. Mit rigorosen Sparmaßnahmen versuchten wir, ein relativ normales Familienleben weiterzuführen. Die Angst vor dem Abstieg ins soziale Elend war unser täglicher Begleiter. Wenn ich mich wegen meiner Arbeitslosigkeit schämte, versuchte ich, mir dies nicht anmerken zu lassen, außer im Kreis meiner Familie. Mein männlicher Stolz war sehr angekratzt, und ich dachte, jeder auf der Straße müsse mir die Schmach ansehen. Ich empfand meine Situation als völlig unnormalen Zustand und war mit den Nerven am Ende. Was konnte die Zukunft bringen? Hoffentlich sofort eine neue Arbeitsstelle!

Der Betrieb, in dem ich lange Jahre gearbeitet hatte, war zwar wirtschaftlich erfolgreich, wurde aber von einer ausländischen Firmengruppe aufgekauft. Unsere Arbeitsplätze in der deutschen Firmenniederlassung gingen verloren, und auch ich hatte nun keinen Job mehr. Von Tag zu Tag konnte ich meine Situation weniger ertragen. Ich war ein geregeltes Arbeitsleben gewohnt und früher absolut glücklich damit, meine Familie durch meine Arbeit ernähren zu können.

Das Arbeitsamt erschien mir vom ersten Tag an als triste »Verwahranstalt« für berufliche Versager, und bald darauf, nach erster vergeblicher Stellensuche, fühlte auch ich mich als ein solcher. Aber ich wollte doch arbeiten, ich war kein Faulpelz! Darunter litt natürlich auch das Privatleben der Familie. Es quält einen, wenn der Höhepunkt einer Woche im Besuch eines Fußballspiels besteht und man ansonsten versuchen muss, irgendwie die Zeit totzuschlagen. Am schlimmsten sind jedoch die fortwährenden Enttäuschungen einer erfolglosen Jobsuche.

Großen Luxus hatten wir uns zwar nie leisten können, aber zumindest kleine, bescheidene Ziele, wie einen jährlichen Urlaub oder vielleicht ein neues Sofa, konnten wir uns vor dem Verlust meiner Arbeitsstelle ab und zu erfüllen. Vor allem wollten wir unserem Sohn Nickos eine gesicherte Zukunft bieten und ihn, wenn es sein musste, auch finanziell unterstützen. Die dafür erforderlichen Geldquellen waren nun versiegt.

Meine Mutlosigkeit wuchs, da mir jede Bewerbung so aussichtslos erschien wie der Versuch, einen Volltreffer im Lotto zu erzielen. In meinen eigenen vier Wänden fühlte ich mich mittlerweile wie ein Dauergast. Aber wohin sollte ich gehen? Sollte ich etwa mit den Rentnern im Park Schach spielen, die Grashalme auf dem Fußballplatz zählen oder unsere Hündin Teka zum Schutzhund ausbilden? Warum wollte niemand meine Arbeitskraft? Was hatte ich falsch gemacht in meinem Berufsleben? Oder lag es an unserem Staat? Wurden Menschen in den

Vierzigern – so wie ich – nicht mehr als vollwertige, voll belastbare, ehrgeizige Arbeitskräfte angesehen? Nein, dachte ich dann oft, es kann nicht nur an mir oder meiner Ausbildung liegen. Bald kannte ich, durch die langen Spaziergänge mit unserem Hund, fast jeden Baum im Park, jeden Vogel, jedes Eichhörnchen, jede Wegschnecke.

Fünf Jahre waren seit der Wiedervereinigung vergangen, und trotz der versprochenen »blühenden Landschaften« funktionierte in diesem Staat anscheinend überhaupt nichts mehr. Bekamen die Damen und Herren Politiker überhaupt noch mit, was einen Teil der Bevölkerung tagtäglich bedrückte und wie schlecht die Stimmung im ganzen Land war? Ich war bereit, jede einigermaßen gut bezahlte Arbeit anzunehmen und hart zu schuften. Eine Chance dazu bekam ich nicht.

Wenn ich meinen Halbbruder Acker, den Ministerpräsidenten von Niedersachsen, bei Familienfeierlichkeiten traf, hatte er immer plausible Erklärungen parat: Die Regierung Kohl machte gravierende und elementare Fehler, und alles würde erst dann besser werden, wenn die Sozialdemokraten endlich wieder regieren würden. Immer noch schwärmte er von sozialer Gerechtigkeit, dem Recht eines jeden Bürgers auf Arbeit, seine Absicherung gegen soziale Einbrüche. Und er schüttelte immer einige in meinen Ohren wirklich vielversprechend klingende Rezepte für die Lösung der zahlreichen gesellschaftlichen Probleme aus dem Ärmel.

Als Ministerpräsident konnte er inzwischen wirklich beachtliche politische Erfolge vorweisen. Auch in seiner Partei, der SPD, erklomm er die Karriereleiter in atemberaubendem Tempo. Ich glaubte ihm und hoffte, er würde schnell in eine noch höhere politische Position aufsteigen. Dann könnte er dazu beitragen, die schlimmsten Probleme, wie die steigende Arbeitslosigkeit, die Wirtschaftsflaute und die Schwierigkeiten der Wiedervereinigung, in den Griff zu bekommen.

EVA, ANNE, HILLU, DORIS

Hat sich der verehrte Leser eigentlich je gefragt, welchen Einfluss Ackers vier Ehefrauen auf sein Leben und seine politische Karriere gehabt haben? Als sein Halbbruder habe ich alle vier Frauen persönlich kennen gelernt. Häufig habe ich mich gefragt, wie mein Bruder dieses Auf und Ab, diese häufigen Krisen in seinem Privatleben verkraftet. Gerade weil ich selbst seit vielen Jahren glücklich verheiratet bin und es mir auch nie anders vorstellen konnte. Andererseits haben mich alle vier Ehefrauen meines Bruders menschlich sehr beeindruckt, und ich glaube, dass sie großen Einfluss auf seinen beruflichen Erfolg ausgeübt haben.

Ich kann natürlich nur spekulieren: Wäre er so erfolgreich, wenn er nicht diese großartigen starken Frauen als Berater, Seelentröster und vielleicht auch als »Antreiber mit Fingerspitzengefühl« an seiner Seite gehabt hätte? Entwickelte sich Acker nach Lehre, zweitem Bildungsweg, Bauhelferdasein und Nachwuchspolitikerzeit auch aufgrund seiner so unterschiedlichen Frauen zum starken Mann? Ich hätte gegen die Intelligenz seiner vier Frauen keine Sonne gesehen, und deren Kampfbereitschaft und Willen hätten mich sicher in den Wahnsinn getrieben. Aber Acker hat davon anscheinend profitiert, und mich haben alle seine Frauen wirklich sehr beeindruckt!

Zur richtigen Zeit, für jeden Lebensabschnitt, für jede Karrierestufe, hatte er die richtige Frau an seiner Seite. Er ließ sich aber nicht unterbuttern, sondern blieb irgendwie immer der Herr im Haus. Auch eine Leistung in meinen Augen! Ob es Berechnung war? Ich glaube nicht. Acker hatte einfach nur Glück und den richtigen Riecher, was ihn ja schon immer ausgezeichnet hat, auch in der Politik. Er wusste schon immer, was ihm helfen und was ihm schaden konnte.

Obwohl der zielstrebige Erfolgsmensch Acker nur schwer starke Menschen mit eigener Meinung und mit sturem Kopf neben sich ertragen konnte, scheint er seine Ehefrauen immer als

Vertraute und Berater akzeptiert zu haben. Vielleicht erkannte er aber schon früh, dass hinter jedem erfolgreichen Mann auch eine starke Frau steckt, nur zugeben würde er dies nie. Das würde seinem Ego widersprechen. Er gewinnt, kämpft, und kein anderer hat das Anrecht auf den Siegerkranz.

Seine erste Frau, Eva, hatte er noch in Talle kennen gelernt, allerdings lebte er zu jenem Zeitpunkt nicht mehr in unserem Heimatort. Ihr Vater war Angestellter einer Firma in Stuttgart, die für die Bundeswehr Heizungen baute. Mit Eva, die Bibliothekarin war, lebte Gerhard in Göttingen. Er studierte Jura und verdiente nebenbei etwas Geld, aber den Großteil zum Lebensunterhalt steuerte seine Eva bei. Das Paar lebte in einer Studentenwohnung unter dem Dach. Eva träumte von Familie, von Kindern, dem kleinem Glück an der Seite eines zukünftigen Anwaltes Acker. Evas Eltern waren strikt gegen die Beziehung und noch mehr gegen eine Heirat. Acker entsprach mit seinen politischen und für damalige Verhältnisse radikalen Ansichten absolut nicht dem Traumbild des zukünftigen Schwiegersohns. Auch der Stall, aus dem Acker stammte, war den Eltern nicht vornehm und bürgerlich genug. Evas Liebe war aber größer als der Einfluss der Eltern. Sie heiratete den vier Jahre älteren Acker gegen alle Widerstände.

An Politik war Eva nicht so interessiert. Sie kam mit Acker fast jedes Wochenende nach Talle und pflegte ein familiäres Umfeld, die heile kleine Welt. Sie schien mir eigentlich der Typ Frau zu sein, die eine eigene Familie als Lebenserfüllung ansieht. Kinder, Küche und Acker, genau in dieser Reihenfolge. Acker, der vor Ideen und politischen Visionen überschäumte und am liebsten die ganze Welt verändert hätte, und Eva, die ruhige, romantische Frau, die am liebsten mit Acker alleine oder im Kreis der Familie in Talle zusammen war. Dass Acker von der großen politischen und beruflichen Karriere träumte, war ihr wohl egal, sie sah dies als Großen-Jungen-Traum an, der sich schon legen würde: Ackers Dickkopf und sein Rollenverständnis in der Ehe waren für Eva sicher nicht unangenehm. An Ackers

Schultern konnte sie sich anlehnen, fand sie Schutz, sicheren Halt und unsere Familie gab ihr Sicherheit. Noch schaffte Acker fast spielerisch den Spagat zwischen Studium, politischem Karrierestreben und Privatleben. Eva schien ihn wegen seiner absoluten, verbissenen Zielstrebigkeit, seiner Durchsetzungsfähigkeit zu bewundern. Acker sah auch die beruflichen Chancen, die ihm eine erfolgreiche politische Karriere bieten konnte, Eva war dies egal. Sie wünschte sich ihre eigene kleine Familie, aber Acker ging nicht darauf ein, er hatte eben völlig andere Ziele. Er war bereit, für seine politischen Ideen und den Traum von der großen Karriere viel zu opfern und sich, wenn es sein musste, mit dem Rest der Welt anzulegen. Eva hätte dies sicher nicht mitgemacht, sie hatte eben ihre, kleinen bescheidenen Ziele, für die man nicht so viel kämpfen und riskieren musste, die man aber fast garantiert erreichen konnte.

Eva war oft allein zu Hause, wenn Acker sich bei den Juso-Sitzungen mit seinen Gegnern stritt und um die Macht kämpfte. Sein unbändiger Kampfeswille, Erfolgshunger und seine Zielstrebigkeit müssen Eva oft genervt haben. In der Ehe waren die Rollen klar verteilt, womit beide anfangs hervorragend zurecht kamen. Sie mochte meine Mutter und unsere Familie und kam mit allen gut zurecht. Acker genoss seine Freiheiten und widmete sich auch in seiner Freizeit fast nur seiner politischen Karriere. Eva baute ihm ein gemütliches, behagliches Nest, in das er sich zurückziehen, seine Wunden lecken und neue Kräfte für den harten Erfolgsweg sammeln konnte. Da damals jede Art von Führungsanspruch von einer einzelnen Person als ausgesprochen unsoziales Verhalten bei den Jusos galt, musste Acker mit harten Bandagen kämpfen. Es gab eine Gruppe innerhalb des Juso-Verbandes, die sogar offen gegen Acker in die Opposition ging und den Aufstand probte. Angeführt wurde die Anti-Schröder-Gruppe von einer jungen, politisch sehr engagierten und durchsetzungsfähigen Frau namens Anne. Diese resolute Anne war Gerhards erklärte Gegnerin und außerdem mit einem anderen Mitglied der Juso-Gruppe liiert.

Acker war es nun wirklich nicht gewohnt, dass eine Frau als politische Gegnerin gegen ihn antrat. Nachdem er merkte: Die kann ich nicht so einfach klein kriegen, setzte er vermutlich sein diplomatisches Geschick als die »Waffe eines Mannes« ein. Er suchte nun den direkten Kontakt zu Anne, um das Problem auf andere Weise zu lösen. Dass er Frauen um den Finger wickeln konnte, seinen Charme und sein »Ich-bin-unschuldig-Lächeln« auch als Waffe einsetzen konnte, war aber Anne wohl nicht bekannt. Zuerst sah es so aus, als würde sich Acker an Anne die Zähne ausbeißen. Sie war knallhart und den politischen Reden von Acker absolut gewachsen.

Beide müssen bestimmt stundenlang über Politik, soziale Gerechtigkeit und die nötigen Veränderungen der Gesellschaft gesprochen haben. Sie näherten sich nicht nur politisch langsam an, sondern auch menschlich. Acker hatte eine knallharte politische Gegnerin auf seine Seite gezogen und schien auch als Mann einen starken Eindruck bei Anne hinterlassen zu haben. Wenn es um Liebesangelegenheiten geht, ist Acker sehr konsequent und nicht bereit, auf falsche Kompromisse oder Betrug zu setzen. Eva lange zu hintergehen, ihr das Glück einer funktionierenden Ehe vorzutäuschen, kam für Acker nicht infrage. Er weihte Eva in seine Affäre ein, und die Ehe endete so harmonisch und fair, dass Eva noch heute unsere Mutter besucht und Kontakt zur Familie hält.

Für die meisten Jusos war damals die Ehe bestimmt eine ganz veraltete Angelegenheit. Acker und Anne jedoch dachten über dieses Thema völlig anders. Kurz nachdem Acker geschieden war – Anne hatte sich schon früher von ihrem Lebensgefährten getrennt –, wurde geheiratet. Acker hatte inzwischen seine Zulassung als Anwalt, arbeitete in einer Kanzlei und profilierte sich durch die Verteidigung von Kriminellen. Die Sache hatte nur einen Haken: Acker übernahm die Mandate meist aus der Überzeugung, dass jeder Bürger das Recht auf einen anständigen, engagierten Anwalt vor Gericht hätte! Aber seine Mandanten konnten seine Honorare oft nicht bezahlen, meist waren sie pleite, und so verdiente Acker, trotz aller anwaltlichen Erfolge, kaum Geld.

Anne arbeitete als Lehrerin. Beide kamen finanziell gerade so über die Runden, und ihre politischen Ansichten waren nicht immer dieselben. Anne sah ein: Acker war ein Nachwuchspolitiker, der auch in ihren Augen eine Politikkarriere, ein hohes Staatsamt verdient hätte. Also unterstützte sie ihn auch bei seinem Aufstieg, und Acker nahm eine politische Hürde nach der anderen in der SPD. Man wurde immer mehr auf den charismatischen, forschen und erfolgshungrigen Anwalt und Politiker aufmerksam. Es fanden sich genügend Unterstützer in der Partei, die seine Talente erkannten und ihn förderten.

Es dauerte dann nicht mehr lange, und Acker fand sich im engeren Kreis der Auswahl für ein Mandat im Bundestag wieder. Nun stand also der Wahlkampf an. Acker wollte gewinnen, auf jeden Fall in den Bundestag einziehen. Seine Ehe mit Anne funktionierte noch, aber die Karriere forderte ihren Preis. Acker stürzte sich immer mehr in die Politik, und seine Ehe blieb auf der Strecke. Anne musste zurückstecken, und Acker zog einsam seine Bahn am Politikhimmel. Die Ratschläge und politische Einflussnahme Annes auf Acker wurden immer geringer. Acker konnte Anne anscheinend, wenn es um seine Karriere ging, nicht als gleichberechtigte Partnerin neben sich akzeptieren.

Und dann lernte Acker Hillu kennen. Es war auf einem Radausflug, den die SPD mit dem Kandidaten Gerhard Schröder veranstaltete. Da es an diesem Tag regnete, war Hillu die einzige Teilnehmerin. Sie war SPD-Mitglied, mit einem Personenschützer verheiratet, und hatte zwei Töchter. Hillu war fasziniert vom Mann und vom Kandidaten Gerhard Schröder, und auch mein Acker war hin und weg von dieser intelligenten, humorvollen und ungewöhnlichen Frau. Später erzählte er mir und der Familie, dass ihm sofort klar gewesen sei, mit einer solchen Frau an seiner Seite würden sich ihm bisher verschlossene politische Türen öffnen. Auch sein Privatleben würde sich grundlegend und absolut positiv ändern. Er sollte Recht behalten.

Acker trennte sich nun als Bundestagsabgeordneter von Anne, wieder ohne großen Streit. Kurz nachdem er Hillu geheiratet hatte, schaffte er es sogar, niedersächsischer Ministerpräsident zu werden.

Hillu war eine großartige First Lady von Niedersachsen. Acker und sie waren so etwas wie das Traumpaar der neuen sozialdemokratischen Politik. Hillu mischte sich in die Politik ein, gab Erklärungen ab und beanspruchte einen Platz direkt neben Acker, dem Ministerpräsidenten. Mit diesem Aufstieg war aber leider verbunden, dass Acker sich immer mehr gegen die Familie abschottete. Wir sahen beide immer weniger, Besuche der Familie waren nicht nur selten, sondern kamen fast nicht mehr vor. Vielleicht dachte Hillu, dass die einfache Familie nicht mehr zu der öffentlichen Person, dem prominenten, zukünftigen Kanzler passte, ich weiß es nicht.

Wir hatten in der Zeit fast keinen Kontakt zu meinem Halbbruder und demzufolge auch nicht zu Hillu. Das bedauerte ich sehr, aber zunehmend fand ich mich damit ab. Ich bekam, ebenso wie auch meine Geschwister und meine Mutter, Acker nur noch sporadisch und selten zu Gesicht, außer im Fernsehen. Bei den sehr seltenen gemeinsamen Familientreffen war es für uns alle nicht mehr zu übersehen: In der Ehe kriselte es. Acker war klar, wenn er sich zu diesem Zeitpunkt, da er endlich in der SPD-Führungsspitze angekommen war, scheiden ließ, konnte er eine Kanzlerkandidatur vergessen. Mit Scharping hatte er in der eigenen Partei einen Gegenspieler, der nur darauf wartete, dass Acker einen Fehler beging.

Und dann lernte Acker Doris kennen und war erneut sehr verliebt – wenn mein Halbbruder verliebt ist, kann er unglaublich bezaubernd und charmant sein. Das mußte er auch, denn Doris war – so weit ich weiß – wohl etwas mehr eine Scharping- als eine Schröder-Anhängerin, aber gegen Ackers Charme hatte sie keine Chance. Dass Acker sie in kürzester Zeit als Mann und vermutlich auch von der Richtigkeit seiner politischen Ideen überzeugte, versteht sich eigentlich von selbst.

Eine Scheidung sowie eine neue Ehe fast direkt vor einer Kanzlerkandidatur sind eine verdammt gefährliche Sache. Hinzu kam, dass Hillu sehr enttäuscht war und kein gutes Haar an Acker ließ. Sie fühlte sich als betrogene Frau und Opfer einer Jüngeren, die ihr den Mann weggenommen hatte. Als Acker und Doris aber in der Öffentlichkeit offensiv mit dieser Situation umgingen, sich zu ihrer Liebe bekannten und sich nicht versteckten, glätteten sich die Wogen erstaunlich schnell. Acker wurde Kanzler – mit Doris an seiner Seite. Nur leider änderte sich an der Situation innerhalb der Familie nichts.

So gesehen sind die Frauen meines Halbbruders in meinen Augen so etwas wie Lebensabschnittsgefährtinnen. Mit Doris ist Acker ja bis heute verheiratet, und ich wünsche ihnen beiden, dass sie bis zum Ende ihrer Tage zusammen bleiben. Eines Tages wird Acker nicht mehr Kanzler sein, und ich hoffe, dass dieser neue Lebensabschnitt dann keine Veränderung bringt. Denn bisher war fast jede grundsätzliche politische Lebensveränderung meines Halbbruders mit einer neuen Frau verbunden. Warum und wieso, ich kann es wirklich nicht beantworten, denke aber: Acker, Hauptsache, du bist glücklich, denn nur ein glücklicher Kanzler mit einem intakten Umfeld kann überhaupt unser Land regieren.

FÜHRUNGSETAGE & KANDIDAT

Voller Stolz beobachtete ich, wie Acker es schaffte, sich in der SPD der Führungsetage zu nähern, und wie sich ihm immer mehr Türen öffneten. Er bewährte sich als Repräsentant der SPD von Niedersachsen. Er setzte alle Mittel seiner inzwischen erstaunlich umfangreichen Trickkiste ein, um politische Gegner in der eigenen und den anderen Parteien zu überwinden. Nie aufgeben, nie zurückstecken – Acker, der kämpferische Mittelstürmer des TUS Talle, schien auch jetzt keine Angst vor politischen Gegenspielern zu kennen. In einigen Verhaltensweisen erkannte ich immer wieder Charakterzüge aus den Kindertagen, positive wie negative. Seine Anerkennung in der Bevölkerung als Mensch und Politiker stieg rasant. Viele Bürger sahen in ihm einen neuen, deutschen John F. Kennedy. Es gab ja auch wirklich Parallelen, wie seinen jungenhaften Charme und seine einnehmende Mimik. Acker strotzte vor Energie, Visionen und Tatkraft.

Sein Privatleben stilisierte er zu einem medialen Ereignis. Gezielt gesteuert, ließ er die Bürger als Zeitzeugen daran teilhaben. Sogar meine Familie erfuhr aus den Medien oft mehr über den Privatmann als von ihm selbst. Geschickt erkannte und nutzte Acker die Möglichkeiten, die ihm eine enge Zusammenarbeit mit den Medien bescherte. Er wurde nicht erst als Kanzler zum Medienstar, das begann bereits mit seiner Scheidung von Hillu. Acker wurde von den Medien gehätschelt, und er spannte sie für seine Interessen ein. Ich bewunderte seine Cleverness, wie schon in den gemeinsamen Kindertagen.

Dass Gerhard mittlerweile ein sehr angespanntes Verhältnis zu einigen Medienvertretern hat und Doris ihren Mann sogar gelegentlich in Schutz nehmen muss, hat sicher auch mit seiner zunehmenden Dünnhäutigkeit zu tun. Aber auch seine geringe Fähigkeit zur Selbstkritik ist nach diversen politischen Pleiten, Pech und Pannen nicht gerade gewachsen. Doch Mitte der Neunziger schwamm Acker auf einer einzigartigen Erfolgswelle und genoss die Zustimmung vieler Bürger zu seiner Person.

Acker wurde Kanzlerkandidat, und erschien vielen Bürgern, den Gewerkschaften, aber auch vielen Wirtschaftsbossen als unverbrauchtes, skandalfreies »rotes« Signallicht für einen Aufbruch in eine neue bürgernahe, sozialdemokratische Politik. Nichts schien ihn auf seinem Weg ins Kanzleramt stoppen zu können. Als sein Halbbruder wusste ich: Bundeskanzler zu werden, das war sein erklärtes Ziel. Dafür lebte er mit jeder Faser seines Körpers. Das Tor des Kanzleramtes wollte Acker unter keinen Umständen verfehlen. Seine fast übernatürliche Willenskraft verschaffte ihm seine Energie und sein Durchsetzungsvermögen. In seiner Partei war er nahezu unangefochten. Es lief alles reibungslos für Acker. Sein spitzbübisches Lachen war inzwischen zu seinem Markenzeichen geworden.

Man liebte es, vermutete dahinter die Leichtigkeit des Lebens bei einem Ausnahmepolitiker: Endlich mal einer, der nicht nur staubtrockener Politiker ist, sondern auch Spaß am Leben hat! Ja, so war er eben, »unser Kennedy«. Er entwickelte ein immer größeres Selbstbewusstsein und eine genau kalkulierte Fertigkeit zur Selbstdarstellung. Heute nenne ich ihn einen herausragenden und ungeheuer professionellen Politikschauspieler. Damals war ich aber viel zu unkritisch, um trotz meines Wissens um die Eigenheiten seiner Person einen Fehler an ihm oder seiner Politik zu entdecken. Er wurde zu einem Menschen, einem Politiker und Staatsmann, der seine Meinung auch gegen heftige Widerstände mit schlagfertigen Argumenten und transparenten Lösungsvorschlägen zu verteidigen bereit war. Wenn ich in der Kneipe mit Freunden über Politik redete, sprachen einige geradezu mit Ehrfurcht über meinen Halbbruder, der so große Hoffnungen in vielen Menschen weckte.

Neben Helmut Kohl erschien Acker wie eine politische Lichtgestalt, als ein dynamischer und visionärer Staatsmann auf der Reservebank, beim Warmlaufen, kurz vor der Einwechslung ins große Spiel. Immer hörte er auf Volkes Stimme, nahm sich der Sorgen und Probleme der Bürger an. Kohl hingegen wirkte immer älter, immer blasser und immer gestriger. Viele sahen in Acker den Mann aus dem Volk, ausgestattet mit der nötigen Intelligenz und einem Kämpferherz. Sie sahen ihn als Mann, der sich nicht in ein starres politisches Korsett einzwängen ließ, einen Mann, bereit für die Bürger, für dieses Land zu »ackern«. Er vermittelte ohne hochgestochene Worte den Eindruck, gerade vor dem Hintergrund seines bisherigen Lebens und Karriereweges, die Probleme der meisten Bürger verstehen zu können. Vor allem lobte jeder in meinem Umfeld seine Ehrlichkeit und Überzeugungskraft. Wenn er versprach, die Zahl der Arbeitslosen würde unter einer Regierung Gerhard Schröder schnell und drastisch sinken, so glaubten die Menschen daran. Seine Wahlaussagen waren für viele schon künftige Realität und die Aussicht auf das tägliche, ganz persönliche Glück als Bürger dieses Staates.

Ackers politisches Team, die von ihm zusammengestellte potentielle Regierungsmannschaft für sein künftiges Kanzleramt, ähnelte, wie ich fand, einem Fußballteam. Jede Position war nicht nur aufgrund von persönlichem Können und besonderen Fähigkeiten, sondern auch wegen der engen Symbiose zum Spielführer besetzt. Ich erschauerte manchmal innerlich, weil mir Acker und seine Mitstreiter als verschworene Gemeinschaft von politischen Weggefährten und engen Freunden erschienen. Was hätte unter einem solchen Kanzler, mit einem solchen Team auf der Regierungsbank überhaupt schief gehen können? Auch mich erfasste trotz meiner sehr angespannten Situation so etwas wie eine politische Aufbruchseuphorie.

Während des nicht gerade zimperlichen Wahlkampfes gegen Helmut Kohl hatte Acker jede Klippe meisterlich umschifft. Es machte mich stolz, dass er nicht versuchte, die Probleme, die er in seinen vorherigen Ehen gehabt hatte, zu verschweigen, sondern mit seinem Privatleben sehr offen umging und nie in Gefahr geriet, als undankbarer politischer Emporkömmling und Karrierist zu erscheinen. So wurde er während dieses Wahlkampfes für mich immer mehr zu einem politischen Robin Hood, mit offenen Augen und Ohren für die Probleme der Bürger dieses Landes. Ich konnte mir bald gar nicht mehr vorstellen, wer überhaupt noch gegen Acker als Kanzler stimmen sollte. Er bewegte sich bei Wahlkampfveranstaltungen in den Massen seiner politischen Anhänger wie unter engen persönlichen Freunden, deren Vertrauen er fraglos nie enttäuschen würde. Endlich schien es wieder einen Kanzler zu geben, der für alle Bevölkerungsschichten integrativ zu wirken verstand.

Es war wirklich eine großartige Zeit, ich war wie so viele Menschen in unserem Lande voller Hoffnung, und ich war verdammt stolz auf meinen großen Bruder.

3. KAPITEL

Acker ist Kanzler – und ich werde Kanzlerhalbbruder

WAHLTAG IST ZAHLTAG

Dann kam der Tag der Bundestagswahl. Schon früh waren meine Frau und ich in das Wahllokal gepilgert. Stolz stand ich vor einem Plakat von Acker. Heute war sein großer Tag. Ich trug durch meine Wählerstimme einen sehr bescheidenen Teil dazu bei, dass alles, wofür er gekämpft hatte, Realität werden konnte. In der Wahlkabine las ich den Stimmzettel. Noch stand die Partei meines Halbbruders an zweiter Stelle, dies würde sich aber mit dem heutigen Tag bestimmt ändern! Ich war zwar noch immer arbeitslos, doch das würde nach der Wahl und die durch Acker forcierte Wirtschaftspolitik zweifellos bald der Vergangenheit angehören!

Mit sehr kräftigem Druck auf den Kugelschreiber kreuzte ich das Stimmfeld an. Fast schwebend wie ein Engel nach vollbrachter guter Tat verließ ich die Wahlkabine. Der Rest des Tages bis zur ersten Hochrechnung verging einfach zu langsam. Ich war nervös und tigerte aufgeregt durch unsere Wohnung. Meine Frau Gisela verzweifelte fast an mir. Ich weiß nicht mehr, wie lange ich ihr meine Thesen zu einem grandiosen Sieg Ackers und der SPD vorgebetet habe. Wahrscheinlich, bis sie mich, völlig entnervt, mit einem Bier vor den Fernseher verbannte. Gisela hatte auch für ihren Schwager gestimmt, daraus machte sie kein Geheimnis. Nur war sie nicht so gutgläubig wie ich, sondern relativierte die Wahlversprechen ins Machbare.

Ich telefonierte viel mit den anderen Mitgliedern unserer Familie, von Minute zu Minute wuchs die Anspannung. Wie besessen drückte ich die Daumen. Hätte ich wohl anders reagiert, wenn ich schon damals gewusst hätte, was mir und meiner Familie durch das Wahlergebnis passieren würde? Ich bin mir heute sicher: Ja, ich hätte wohl mehr Lotto gespielt! Anders gewählt sicher auch. Acker war nie ein Blender, nie einer, der Menschen absichtlich Wunschträume als Realität verkauft. Aber heute weiß ich, er hat sich wohl damals etwas überschätzt, seine Ziele zu hoch angesetzt.

Endlich, nach dem Geschwätz vieler Politikexperten, kam die erste Hochrechnung. Gerhard und seine Partei lagen vorn. Ich sprang vor Freude durch das Zimmer. Gisela muss gedacht haben, ich sei reif für die Zwangsjacke! Ein Sieg zeichnete sich ab. Es war schöner als jeder Sieg auf dem Fußballplatz.

Als Gerhard dann neben seiner Doris stand und mit zitternder Stimme das Wahlergebnis kommentierte und seine Wahlversprechen nochmals bekräftigte, als ihm die Menschen fast frenetisch zujubelten, hätte ich am liebsten unsichtbar neben ihm gestanden und ihn fest an mich gedrückt. Ich wollte ihm sagen, wie stolz ich auf ihn und seinen politischen Sieg war. In diesem Moment hätte ich für ihn und seine Politik alles gegeben. Ich war bereit, mich uneingeschränkt für die Durchsetzung seiner politischen Ziele einspannen zu lassen. Kein Hindernis wäre mir in diesem großen Augenblick zu hoch gewesen, um meinen Halbbruder, nun Kanzler, zu unterstützen. Giselas Misstrauen, ob Acker all seine Wahlversprechungen würde halten können, teilte ich absolut nicht. In der Nacht – Acker war vorher nicht an den Hörer zu kriegen – gratulierte ich ihm telefonisch. Meine Familie schloss sich mir an. Unsere Glückwünsche galten natürlich auch Doris, seiner Frau, die ihm, unserer Meinung nach, während des Wahlkampfes eine wichtige Stütze gewesen war. Schon damals war uns allen in der Familie klar: Doris würde in fast jeder Situation wie eine Löwin für ihren Acker kämpfen.

Ich genoss in dieser Nacht die Fernsehbilder, die einen glücklichen Gerhard zeigten. Ich gebe zu, einige Tränen des Glücks rollten auch meine Wangen hinunter. Und es dauerte sehr, sehr lange, bis ich einschlafen konnte. Immer wieder zogen vor meinem inneren Auge die Bilder des glücklichen und imposanten Wahlsiegers vorbei. Ein Gefühl von Geborgenheit breitete sich wohlig in mir aus. Nun würde alles besser werden, würde es wieder bergauf gehen. Bald würde ich, wie auch viele andere, angemessene Arbeit mit einer gerechten Entlohnung finden. Deutschland wird jetzt von einem Kanzler gelenkt, der wahre Wunder vollbringen kann – das meinte ich zumindest damals.

IM FOKUS DER ÖFFENTLICHKEIT

Am folgenden Morgen kam meine Frau schockiert vom Bäcker zurück. Sie knallte die Tageszeitungen auf den Frühstückstisch. Natürlich war Acker nach gewonnener Wahl die Zierde der Titelblätter. Ich wollte gerade anfangen zu lesen, als Gisela mir aufgeregt, unter Schluchzen, berichtete, was in der kurzen Zeit alles passiert war.

Detmold ist eine Kleinstadt. Jeder kennt jeden, und womit wir nicht gerechnet hatten, wovor uns weder mein Halbbruder noch einer seiner unzähligen Berater gewarnt hatte: Wir gehörten plötzlich ungewollt zur Stadtprominenz. In den Augen der anderen Bürger, der Nachbarn und Freunde, hatten wir nun direkten, uneingeschränkten Zugang zum Kanzler, zur Macht und zu Informationen. Meine arme Frau hatte auf ihrem Einkaufsgang Nachbarn und Bekannte erleben müssen, die Gehör für ihre Anliegen forderten. Für die Mitbürger hatte die Familie Vosseler finanziell ausgesorgt. Und natürlich war meine Arbeitslosigkeit nicht nur in Detmold nun Schnee von gestern, eigentlich ein großes Versehen. Mir war logischerweise mindestens ein hoch dotierter Job in der gehobenen Verwaltung sicher. Offenbar dachten sogar Freunde, ich würde Almosen von meinem Halbbruder, dem Kanzler, annehmen.

Arbeiten, das wollte ich. Diese Arbeit sollte mir Befriedigung und ein solides Einkommen verschaffen. Als Bettelbruder des Kanzlers subventioniert werden, das wollte ich nicht. Davon abgesehen, eher würde aus unserem Wasserhahn bestes Pils fließen, als dass mir Acker durch seine Beziehungen zu einem Job oder zu Reichtum verhelfen würde. Für mich war und ist das selbstverständlich, schließlich ist jeder für sein eigenes Leben verantwortlich. Es sei denn, er trägt das Kanzlerbruderjoch. Dieses schwere Gerät sollten meine schmalen Schultern nun kennen lernen. Gerade hatte sich Gisela von mir etwas beruhigen lassen, da stand der nächste Stress ins Haus. Es klingelte Sturm an unserer Wohnungstür, und da wir nicht gleich öffneten, wurde heftig dagegengepocht. Gisela dachte im ersten Moment, Nickos sei etwas passiert, aber was nun folgte, war ein Unglück ganz anderer Art.

Ich öffnete die Tür und blickte direkt in einen großen Scheinwerfer. Der gesamte Hausflur war in gleißendes Licht getaucht. Fast blind von der grellen Helligkeit konnte ich gerade noch die Umrisse unserer Nachbarin erkennen, die vor ihrer Wohnungstür stand und das Schauspiel bestaunte.

An mir vorbei huschte ein Schatten wie selbstverständlich in unsere Wohnung, ohne ein Wort zu sagen. Ich schlug die Tür wieder zu, beruhigte unsere aufgeregte, Gefahr witternde Hündin Teka und lief ins Wohnzimmer, aus dem aufgeregte Stimmen klangen. Dort traf ich auf eine Frau mittleren Alters und meine wütende Gisela. Die Frau redete ohne Punkt und Komma auf Gisela ein. Sie wollte die ersten Kommentare der Kanzlerschwägerin zur Wahl ergattern. Draußen vor der Tür stehe ihr Kamerateam. Ob Gisela netterweise sofort Kaffee aufsetzen könne? Bei einem Kaffee könne man entspannter ein Interview vor der Kamera führen ... Ich verstand nicht recht, was vor sich ging. Was für ein Interview, welche Kamera? Was wollte diese Dame von Gisela und mir?

Ohne zu fragen oder sich vorzustellen, verließ die Reporterin das Wohnzimmer und begann in unserem Schlafzimmer eine Entdeckungstour durch unsere Wohnung. Als sie bereits an meinem Nachttisch stand und in meiner Bettlektüre blätterte, beschloss ich einzugreifen, bevor sie auch noch die Matratzen anhob oder einen Blick in den Kleiderschrank warf. Meine Überraschung hatte sich in Wut verwandelt. Das war unser Schlafzimmer, dort hatte keine fremde Person etwas zu suchen. Eingeladen hatten wir diese impertinente Person sicherlich nicht. Ich kochte innerlich, und auch Gisela stand kurz vor dem Ausbruch. Also schnappte ich die Dame am Kragen und schob sie aus dem Schlafzimmer. Dies verstand sie überhaupt nicht. Sie faselte leicht verstört von »Personen des öffentlichen Lebens«, von »Informationsnotstand«, von dem »Recht auf Erklärungen« und von »absolut notwendigen Kommentaren zur persönlichen Arbeitslosigkeit von Lothar Vosseler«.

Giselas Wut wuchs ins Unermessliche – ich kenne diesen Gesichtsausdruck, der nichts Gutes verheißt. Mit viel Mühe, immer in der Versuchung, bei Widerstand Gewalt anzuwenden, drängelte ich die Reporterin in Richtung Wohnungstür. Als ich diese öffnete, musste ich mir innerhalb von Sekunden eingestehen, dass das alles wohl noch gar nicht so schlimm war. Es ging anscheinend noch viel schlimmer.

Vor der Tür stand unsere liebe Nachbarin und gab artig und voller Stolz ihr erstes Fernseh-Interview. Während sie sich mit den Fingern, fast wie ein Filmstar, durch das ungekämmte Haar strich und versuchte, sich in ihrer grellen Kittelschürze ins rechte Licht zu setzen, zog sie voller Begeisterung über die Familie Vosseler her. Ich hörte Wortfetzen wie: »Nein, viel trinkt Herr Vosseler nur am Wochenende, er ist Biertrinker, ja natürlich kauft Frau Vosseler bei Aldi nur die billigsten Sonderangebote, der Sohn hat eine niedliche kleine Freundin, und am Wochenende bei der Sportschau wird es schon einmal lauter bei denen, wie im Stadion, das können Sie mir ruhig glauben.«

So ging es auch nicht, das sah ich ein. Ich musste mich auf ein Friedensgespräch mit der grinsenden Dame neben mir einlassen. Ich zog sie zurück in die Wohnung und versuchte, ein vernünftiges Gespräch mit ihr zu führen.

UND ACTION!

Einige Minuten später war der Kaffeetisch gedeckt und Kaffee in die Tassen geschenkt. Gisela war zur unfreiwilligen Kellnerin degradiert. Ein Kameramann, ein Tonmann und die Journalistin verzehrten, fröhlich über ihre Spesenabrechnung für diesen Dreh diskutierend, den selbst gebackenen Streuselkuchen. In unserem Wohnzimmer stapelten sich diverse Gegenstände, wie Kameras, Mikrofone, komische Stahlgestelle mit Halterungen (heute weiß ich, es handelt sich um Mikrofongalgen, eine bemerkenswert passende Wortschöpfung), Scheinwerfer und zwei große Metallkisten.

Nach dem Kaffeetrinken ging es frisch ans Werk. Gisela war natürlich nicht bereit, sich der Kamera zu stellen und sich zum Clown zu machen. Diese Aufgabe durfte ich übernehmen. Zuerst wurde ich verkabelt. Das heißt, man zwängte ein Mikro samt Kabel unter meinem Hemd durch, hinauf bis zum Hemdkragen. Dann wurde das Kabel an eine Tonbox angeschlossen, die man an meinem Gürtel befestigte. Ich schwitzte vor Aufregung. Das hatte zur Folge, dass man mich aufforderte: »Lothar, nehmen Sie sich doch bitte ein Taschentuch und tupfen Sie sich den Schweiß von der Stirn. Ja, und auch von der Nase.« Ich hatte immer gedacht, beim Fernsehen gibt es nette Maskenbildnerinnen, aber das war hier nicht der Fall. Ich befolgte artig jede Anweisung, und Gisela lächelte mich aus sicherer Entfernung an.

Die Kamera war eingerichtet, das Licht stimmte, es konnte also losgehen. Die inzwischen gesättigte und auch wieder freundlichere Dame setzte sich außerhalb des sichtbaren Bereichs unter die Kamera und zog einen enorm großen Zettel aus ihrer ebenso großen Handtasche. Und Action! Die Fragen empfand ich als gemein, und als »Newcomer« vor der Kamera war ich ein wehrloses Opfer. Konnte ich eine Frage wie etwa: »Wann hatte ihr Bruder den ersten richtigen Sex?« nicht beantworten, schickte sich die hilfsbereite Interviewerin sofort an, mir die passendste – sprich: peinlichste – Antwort in den Mund zu legen. Mein Gott, war ich damals naiv!

Das Interview wurde abrupt unterbrochen, als es an unserer Wohnungstür erneut Sturm klingelte. Als Verteidiger der Familie hatte ich die Ehre, todesmutig die Tür zu öffnen. Dort stand unsere inzwischen zu einer Detmolder Berühmtheit avancierte Nachbarin und verlangte, wegen eines Honorars die TV-Dame zu sprechen. »Honorar! Man bekommt für diesen Wahnsinn, für diese Quälerei ein Honorar!«, schoss es mir sofort durch den Kopf. Nachdem die Nachbarin, direkt an unserer Wohnungstür, einige Geldscheine von der Reporterin erhalten hatte, wagte auch ich, nach einem Honorar zu fragen. Die Antwort fiel recht süffisant aus: »Aber lieber Herr Vosseler, Sie bekommen doch Arbeitslosengeld, Sie dürfen nur eine begrenzte Summe dazuverdienen, was nützt Ihnen also ein Honorar?« Arbeitslos war auch die Nachbarin, doch sie erhielt Geld, während ich als Kanzlerhalbbruder natürlich zurückstecken musste.

Schließlich, nach etlichen Fragen und Antworten, die mir von der TV-Dame untergeschoben worden waren, zog die Horde ohne ein Wort des Dankes ab. Unser Wohnzimmer war ein Schlachtfeld. Unsere Hündin Teka bezog, auf jedes Geräusch lauernd, an der Wohnungstür Wache. Gisela und ich waren total bedient – doch das war erst der Anfang.

Kurze Zeit später erhielten wir den Anruf einer großen Tageszeitung. Man wollte im Laufe des Tages einen Journalisten und einen Fotografen für ein Exklusivinterview schicken und bat um baldige Rückantwort, wann uns ein solches Interview angenehm wäre. Erneut befiel mich Panik: Was, um alles in der Welt, bedeutet ein Exklusivinterview? Dürften wir hinterher nie wieder mit einer anderen Person über Acker sprechen?

Meine Frau und ich versuchten, einen klaren Kopf zu bewahren, und beschlossen, meinen Halbbruder zu kontaktieren. Dies gelang nur mit einigen Schwierigkeiten. Acker war im Siegerstress und konnte einen Halbbruder mit Sorgen zur Zeit nicht gebrauchen. Als ich ihn endlich am Hörer hatte und meine Nöte schilderte, gab er mir den, seiner Meinung nach, besten Rat: »Lothar, kein Problem, Doris ruft dich gleich an und gibt dir als Journalistin die nötigen wichtigen Tipps. Aber du musst wissen, wer sich mit den Medien einlässt, kann auch auf die Nase fallen, also pass auf!«

Ich habe nicht darum gebeten, dass die irren Typen vom Fernsehen mich heute heimgesucht haben, dachte ich verärgert. Wem habe ich das zu verdanken? Gerhard, dem Kanzler, und der Tatsache, dass ich sein Halbbruder bin! Dann rief Doris an und gab mir die versprochenen Tipps. Doch darauf hätte ich auch verzichten können. Ich sollte die Medienvertreter nicht verärgern, aber auch nichts Definitives, Konkretes sagen, alles nett umschreiben, zudem einen normalen Eindruck vermitteln, schließlich sei mein Bruder der neue Kanzler. Ich könnte ihm mit meinen Fehlern und falschen Kommentaren Probleme bereiten ... Kein Gedanke an mich und meine Familie, keine wirkliche Hilfe, zum Beispiel durch einen Medienberater – gar nichts außer der Sorge um Ackers Wirkung! Und warum haben die Medienvertreter mich als Opfer ausgesucht? Es gibt doch auch noch andere Geschwister. Liegt es an meiner Situation, an der Arbeitslosigkeit? Die Lösung erfuhr ich erst viel später, aber da hatte ich meine negativen Erfahrungen als Kanzlerhalbbruder zum Großteil schon hinter mir.

Eines aber war mir bereits an diesem Tag klar geworden: »Lothar Vosseler, dein Leben, deine Familie, vielleicht deine Ehe, all das geht gnadenlos den Bach hinunter, wenn du nicht selber mit der Situation klar kommst. Untergehen oder überleben, heißt die Devise, und Hilfe ist nicht in Sicht!«

KOLLATERALSCHADEN VOSSELER

Noch am selben Tag bekamen wir weiteren Besuch: Wir fanden einfach keine Ruhe. Ein Journalist und ein Fotograf von einer großen deutschen Tageszeitung erschienen zum angekündigten Interviewtermin in unserer Wohnung. Gisela und mir zitterten vor Aufregung die Knie. Nach dem Telefonat mit Doris quälte mich die Furcht, Fehler zu begehen, die dem neuen Kanzler Probleme bereiten könnten. Nur das nicht! Acker, der eine Politik der sozialen Gerechtigkeit angekündigt hatte, sollte nicht geschädigt werden. Mein Halbbruder sollte sich für mich, den unbedeutenden Langzeitarbeitslosen, nicht schämen müssen.

Wieder hatte Gisela mit viel Liebe eine Kaffeetafel vorbereitet. Teka war den Besuchern zuliebe ins Schlafzimmer verbannt worden. Sie spürte, wenn es uns schlecht ging, und wir wollten nicht, dass sie sich gegen die Journaille zur Wehr setzte, um uns zu verteidigen. Dafür gab es dann aber ohnehin keinen Grund. Der Journalist, der das Interview führte, behandelte meine Frau und mich absolut fair. Er versuchte sogar, mir die Spielregeln der Medien zu erklären. Begriffen habe ich diese Regeln und gut gemeinten Ratschläge in meiner Aufregung allerdings nicht. Mir wurde nur eines immer klarer: Ich war nach Ackers Wahl zum Bundeskanzler so etwas wie ein Kollateralschaden.

Meine Arbeitslosigkeit interessierte den Journalisten sehr, aber ebenso meine Einstellung zu Gerhards Politik. Seine Fragen fielen auf fruchtbaren Boden. Da auch ich mit dem Amtsantritt meines Bruders große Hoffnungen verband, wollte ich dem neuen Premier Deutschlands mit meinen Antworten helfen. Nach dem Interview war ich wesentlich optimistischer. Schließlich hatte ich den Medienvertretern doch eigentlich nicht viel zu bieten. Die Themen, zu denen ich etwas berichten konnte – unsere gemeinsame Kindheit, Gerhards Scheidungen, seine Ehe mit Doris vielleicht (zur Hochzeit war ich ja nicht einmal eingeladen) – all das war doch eigentlich nicht interessant. Ackers Politik, seine zukünftige Arbeit für dieses Land würden von nun an im Mittelpunkt des medialen Interesses stehen, glaubte ich.

Doch weit gefehlt! Die Medien versuchten mit allen Mitteln, mich zu ihrer Informationsquelle zu machen. Sicherlich auch, da Acker nach seiner Wahl beschlossen hatte, über sein Privatleben den Deckmantel des Schweigens auszubreiten. Ich weigerte mich jedoch, über seine Person und ihn betreffende Interna zu sprechen. Das war seine Sache. Lieber schwieg ich, in der Annahme, ihm damit am meisten zu nützen. Am Tag nach der Wahl war ich völlig geschafft von den unerwarteten Ereignissen und beschloss, meiner Stammkneipe einen Besuch abzustatten. Vielleicht würde ich zur Ruhe kommen, wenn ich mit den Kumpels über Fußball redete und ein Bierchen zischte.

Doch schon im Hausflur begann die Odyssee. Ich traf die Nachbarin, eigentlich ein verträgliches Wesen. Doch nun war ihr der Ruhm ihres TV-Interviews sichtlich zu Kopf gestiegen. Frisch frisiert und in ihrem Sonntagsstaat kam sie mir entgegen. Sie ging nicht, nein, sie stolzierte wie eine Schauspielerin nach der ersten umjubelten Hauptrolle. Mit wenigen Worten machte sie ihr Anliegen deutlich: Sie erwartete, auch zukünftig am überraschenden Ruhmesregen beteiligt zu werden. Aufgebracht berichtete sie, dass man, nachdem ich mich den Fragen des Fernsehens gestellt hatte, auf die Ausstrahlung ihres Interviews verzichtet hatte.

Mit fast beschwörenden Worten erklärte ich ihr, dass ich all die Interviews über mein Familienleben oder über Acker gar nicht wünschte und auch von ihr keine weiteren Erklärungen gegenüber den Medienvertretern erwartete. Das war wie ein Stich in ein Wespennest. Ich musste mich als Egoist beschimpfen lassen, weil ich den »Ruhm« nicht teilen wollte. Die Nachbarin war überzeugt, ich würde schon noch zur Besinnung kommen und aus Dankbarkeit über Ackers Wahlsieg umgehend einige Kerzen in der Kirche stiften. Die hätte ich gern gestiftet, selbst entzündet sogar, wenn ich endlich wieder eine Arbeitsstelle gefunden hätte.

DIE SACHE MIT DEM SCHAMPUS

Meine Stammkneipe erschien mir nun wie eine Insel inmitten eines aufgepeitschten Ozeans. Ich hoffte, dort ein paar »normale« Kumpels zu treffen und in Ruhe ein frisch gezapftes Pils trinken zu können. Auf dem Weg zur Kneipe traf ich einige Bekannte. Wie schon beschrieben, ist Detmold eine Kleinstadt, in der man die meisten Bewohner seines Viertels zumindest vom Sehen kennt. Ich begegnete vielen freundlichen Blicken, einige Leute schienen mich jedoch einer scharfen Musterung zu unterziehen. Damit kam ich überhaupt nicht zurecht. War meine Kleidung unsauber, stand mein Hosenstall offen? Kritisch schaute ich an mir herab. Alles war in Ordnung.

In der Kneipe begrüßten mich alle sehr nett, nach diesem Horrortag wenigstens etwas Erfreuliches. Dieses urige Lokal und seine Besucher stellten für mich die geliebte Normalität dar. Eine echte Kneipe, ein abgeschotteter Ruheplatz der kleinen Leute, an dem sich Arbeitslose mit Arbeitern und Rentnern mischten. Die Menschen aus der Oberschicht haben ihre Edellokale, Menschen wie ich ihre Eckkneipen.

Das Lokal war gut besucht und es waren auch einige Freunde von mir da. Wie immer wurde heftig diskutiert, Rauchschwaden stiegen auf, und die Musikbox spielte alte Hits. Ein Gefühl von Geborgenheit durchströmte mich. Ich dachte: »Lothar, nun wird alles wieder gut, und der Stress von heute war nur ein schlimmer Albtraum. Er wiederholt sich nicht, denn hier versteht dich jeder, und niemand stellt dumme Fragen.«

Der Wirt, den ich schon lange kannte, begrüßte mich mit den Worten: »Lothar, wir haben schon auf dich gewartet, der Schampus steht schon kalt.«

»Wie, was, welcher Schampus?«, fragte ich. »Ich trinke doch nur Bier, warum also Schampus, den mag ich gar nicht.«

Und nun prasselte es von allen Seiten auf mich ein! Man wollte wissen, wann ich mit Acker in den letzten Stunden ausführlich über die Sorgen meiner Freunde gesprochen hatte. Man fragte, wann ich nach Berlin umziehen und meinen neuen Job in einer Behörde antreten würde – und welche Behörde dies sei. Wie viel Geld würde mir der Kanzler ab sofort monatlich überweisen? Bekäme ich einen Dienstwagen aus dem Fuhrpark des Bundeskanzleramts? Und Freikarten für den VIP-Bereich in jedem Fußballstadion Deutschlands dürften ja nun auch kein Problem mehr sein. Nur – wären es genug Freikarten für alle?

Und so ging es in einem fort. Würde mein Sohn Nickos nun ein Internat in der Schweiz besuchen? An welcher Universität sollte er nach dem Abitur studieren? Und gewiss würde ich auch keine Hundesteuer für Teka mehr bezahlen müssen ...

Es herrschte so viel Aufregung, als wäre ich selbst zum Kanzler gewählt worden. Und nicht einmal mein Bier bekam ich!

Denn der Wirt hatte den Schampus bereits geköpft und fleißig diverse Gläser gefüllt. Den Preis von Champagner kannte ich im Gegensatz zu den Bierpreisen überhaupt nicht; er hatte mich vorher auch noch nie interessiert. Da der Preis für die Edelbrause auch nicht in der Karte stand, musste ich den freudestrahlenden Wirt leise, fast beschämt, danach fragen.

Seine Antwort lautete: »Nee, Lothar, da stehen keine Schampuspreise drin. Den habe ich ja sonst auch nicht im Angebot. Habe ihn heute extra aus dem Großmarkt besorgt. Edles Tröpfchen, nur vom Allerfeinsten, habe ich mir gedacht. Du musst dich als Kanzlerhalbbruder langsam an diese teuren Dinge gewöhnen, findest du nicht? Schampus wird ja auch auf den Staatsempfängen getrunken ... Übrigens, ich mache dir einen echten Freundschaftspreis. Wir werden mit einer Flasche ja bestimmt nicht auskommen. 180 Mark pro Flasche ist doch in Ordnung, oder nicht?« Ich dachte, ich kippe sofort tot vom Tresenhocker. 180 Mark – davon ernährte Gisela unsere Familie fast eine ganze Woche lang.

In mir wuchs der Mut des Verzweifelten. Ich musste sofort einiges klarstellen, bevor mein karges Budget hier die euphorischen Kehlen hinunterrann. Ich habe keine sehr kräftige Stimme, also räusperte ich mich mehrmals und setzte zur ersten Rede meines Lebens an. Mit ernstem Gesicht erklärte ich den Anwesenden, dass sie völlig falsche Vorstellungen davon hätten, welche Vorteile sich durch die Wahl für mich und meine Familie ergeben würden. Grabesstille trat ein. Die Schampusgläser wurden abrupt abgesetzt, und ungläubige Blicke trafen mich. Keiner konnte und wollte mir glauben. Im Gegenteil, die Blicke sagten: »Kaum hat dieser Vosseler Geld und ist prominent, wird er schon zum Geizhals.« In mir stiegen Fluchtgedanken auf. Aber ich musste mich dem Problem stellen.

Einige Stunden und unzählige Beteuerungen später hatte ich die erschütterten Gäste davon überzeugt, dass der arbeitslose Lothar Vosseler nicht den geringsten Vorteil von der Wahl seines Halbbruders zum Kanzler hatte – nicht einmal Fußballfreikarten! Um Mitternacht war in einer deutschen Eckkneipe totale Ernüchterung eingetreten.

Inzwischen hatte ich auch endlich mein Bier bekommen, ja sogar mehr als eins, und fand innerlich wieder etwas Ruhe. Es gab natürlich Unbelehrbare, die mich »unter vier Augen« sprechen wollten und mich zu diesem Zweck sogar aufs Klo verfolgten. In verschwörerischem Ton teilten sie mir mit, dass sie mich durchschauten. Ich würde vor den anderen ja nur nicht angeben wollen mit meinen Privilegien und dem künftigen Reichtum. Aber ihnen, meinen echten Freunden, könne ich ruhig die Wahrheit sagen. Es war zum Verzweifeln!

Nachdenklich und froh, wieder allein zu sein, schlich ich nach Hause. Gisela und Nickos schliefen natürlich schon. Und auf meinem Deckel in meiner Eckkneipe stand eine Schuld von 180 Mark für eine Flasche Schampus, die ich nie gewollt hatte. So teuer kam mich Ackers Amtsantritt zu stehen. Ich saß im Wohnzimmer und rang mit mir. Neben mir auf dem Sofa lag Teka, die erkannte, wie schlecht ich mich fühlte, und mich trösten wollte. Sollte ich es wagen, Acker trotz der späten Stunde anzurufen, um ihm von meinen Sorgen zu erzählen? Irgendwie musste der Albtraum doch aufhören. Doch als ich an all die Arbeit und Termine dachte, nach denen Acker nun sicherlich schlief, verzichtete ich auf den Anruf und ging zu Bett. Im Gegensatz zur Nacht davor fror ich jämmerlich. Ich fühlte mich unendlich allein, war ziemlich durcheinander und konnte deswegen nicht einschlafen. Erst als Gisela mich in ihre Arme nahm, wurde die Angst etwas weniger, und ich fiel in einen unruhigen Schlaf.

Der nächste Morgen hielt eine böse Überraschung für mich bereit: Der Journalist, den ich für fair und seriös gehalten hatte, hatte mich verraten und verkauft. Wie ein völlig verblödeter Waldschrat grinste ich von der Titelseite der Zeitung. Noch schlimmer das Interview: Fast jede meiner Antworten war verdreht. Nichts entsprach mehr dem, was ich hatte sagen wollen. Am meisten erschütterte mich, dass aus dem Text hervorklang, dass ich von dem neuen Kanzler Hilfe jeder Art erwartete und mich in seinem Ruhm sonnen wollte. Man hatte mir die »Verräterrolle« zugeschoben, um Lügen über Ackers Privatleben berichten zu können. Was dort über seine Ehen stand, darüber wusste selbst ich nichts. Ich war stinksauer, auch Gisela kochte vor Wut. Wir beschlossen, nie wieder ein Interview zu geben. Nur unter Folter würde ich noch einmal mit Medienvertretern sprechen! Doch der langzeitarbeitslose Halbbruder des Kanzlers war für die Medien einfach zu interessant, und schon bald ließen wir uns doch zu einem neuen Gespräch überreden. Wir mussten uns eingestehen, dass wir der Macht und der Aufdringlichkeit der Medien wenig entgegenzusetzen hatten. Doch wir sammelten Erfahrungen und lernten, Grenzen zu setzen.

So war Gisela bald nicht mehr bereit, dem häufigen Wunsch der Reporter Folge zu leisten, unser Mittagessen vor laufender Kamera zu kochen. Und ich brach, nachdem ich viermal mit Teka durch einen heftigen Regenguss laufen und einen fröhlichen Spaziergang vortäuschen musste, die Dreharbeiten ab, auch weil ich den Widerstand unserer Hündin spürte.

Auch ein Fernsehteam aus Korea stattete uns einmal einen Besuch ab. Unsere Küche war ja für Dreharbeiten zur Tabuzone geworden, also beschloss die koreanische Journalistin, Gisela und mich in eine Pizzeria einzuladen. Die Idee: Man wollte uns beim Pizza-Essen ablichten. Es war ungeheuer penetrant, bei jedem Bissen von einem Kameraobjektiv beobachtet zu werden, also ließen wir am Ende unsere Pizzas stehen und flüchteten.

DER BRIEF AUS MEXIKO

Erst nach einigen Wochen nahm der Medienrummel, wie erhofft, etwas ab. Mittlerweile wusste ja auch fast ganz Deutschland, dass der Halbbruder des Kanzlers ein Langzeitarbeitsloser war und jede Mark umdrehen musste. In den Augen vieler Medienvertreter war ich nicht mehr als ein Clown, für den sich Acker eigentlich schämen musste.

Wir trauten uns trotz der trügerischen Ruhe kaum aus dem Haus. Vor allem Gisela litt gewaltig unter dieser Situation. Kontakt zu Acker hatten wir nicht. Das galt für die gesamte Familie, unsere Mutter ausgenommen. Ich war überzeugt, dass dies nicht Ackers Absicht war, sondern Terminprobleme an der Situation schuld seien. Schließlich musste er erst einmal den Müll entsorgen, den die Regierung Kohl hinterlassen hatte. Er tagte bestimmt ununterbrochen mit seinen Ministern, um Deutschland und dessen Wirtschaft wieder nach vorn zu bringen. Er würde schon anrufen, dachte ich, sobald es ihm zeitlich möglich wäre. Acker würde sich doch wegen seiner neuen Position und dem Umfeld, in dem er sich nun bewegte, nicht verändern und immer an seine Wurzeln und unsere gemeinsame Kindheit denken. Doch obwohl der Familienzusammenhalt immer sehr groß gewesen war, meldete er sich nicht einmal telefonisch.

Eines Morgens kam Gisela mit einem Brief aus Mexiko in die Küche. Ich konnte kaum glauben, was meine Augen da sahen. Ein Opfer des Naziregimes, das nun in Mexiko lebte, schrieb ohne genaue Adressenangabe auf dem Briefumschlag an den Kanzlerhalbbruder Lothar Vosseler – und der Brief kam an! Natürlich verstehe ich die berechtigten Entschädigungsansprüche der Opfer des Nationalsozialismus, und ich wäre wirklich glücklich, wenn ich bei ihrem Anliegen helfen könnte. Doch leider glaubte der Schreiber zu Unrecht, dass der arbeitslose Kanzlerhalbbruder zu einer gerechten »Schadensersatzzahlung« beitragen könnte. Sogar eine Schweizer Kontonummer, wohin ich das Geld überweisen sollte, befand sich im Anschreiben. Glaubte man auch schon in Mexiko, ich sei durch Ackers Wahl zum Millionär aufgestiegen?

Aber damit nicht genug, es flatterten sogar echte »Liebesbriefe« an mich in unseren Briefkasten, unter anderem aus Frankreich. Ich musste mich vor Gisela nicht verstecken, da ich noch nie in Frankreich war, schon gar nicht allein, und auch keine Fremdsprache spreche, außer sehr gebrochen Englisch. Gisela war über diese Briefe dennoch nicht erfreut.

Als Acker schon einige Monate im Amt war, hatte ich meinen obligatorischen Termin auf dem Arbeitsamt. Voller Hoffnung, fast schon beschwingt, öffnete ich die Tür zum Büro des Sachbearbeiters. Hatte der von Gerhard angekündigte Wirtschaftsaufschwung bereits eingesetzt? Hatte die Wirtschaft auf die Signale reagiert, die von dem neuen Kanzler und seiner Politik ausgingen? Meine Hoffnung sank gegen Null, als ich das Gesicht des Arbeitsberaters sah. Wie oft hatte ich schon vergeblich gehofft, eine positive Nachricht von ihm zu erhalten. Diesmal konnte ich die negative Botschaft in seinem Blick lesen, noch bevor er auch nur ein Wort gesagt hatte: »Herr Vosseler, es ist leider alles noch schlimmer geworden, Sie werden nie eine Arbeitsstelle finden!« Der Sachbearbeiter blätterte nachdenklich in meiner dicken Akte. Sein eigentlich recht freundliches Gesicht wirkte angespannt und gequält.

Mit Pastorenstimme teilte er mir mit: »Also Herr Vosseler, die Wahl Ihres Halbbruders zum Kanzler hilft Ihnen bei der Arbeitssuche nicht gerade weiter; sie schadet Ihnen sogar. Ihre TV- und Presseinterviews, die Position Ihres Halbbruders als Kanzler und der Medienrummel um Ihre Person ängstigen die Arbeitgeber. Die meisten möchten den Halbbruder des Kanzlers absolut nicht einstellen. Könnte ja auch laufend Presseberichte, das Auge des Kanzlers auf Sie als Person, auf die Situation des Betriebes, auf dessen Arbeitnehmer bedeuten! Hat schließlich keiner gern, bei der von ihrem Halbbruder angekündigten Arbeitsmarktpolitik!« Ich verstand zuerst nur Bahnhof. Was war denn jetzt los? Wurde ich als Arbeitsloser sogar noch zum »Kanzleropfer«? Ich hatte mir die politische Tragweite der Arbeit meines Halbbruders, auch für meine Person, etwas anders vorgestellt. Bekamen jetzt alle Arbeitslosen einen Job, ich aber nicht, weil ich ein Verwandter des Mannes war, der für Arbeitsplätze zu sorgen versprochen hatte?

Ich stotterte fast: »Also ja, aber, ich denke, die Politik meines Halbbruders schafft die nötigen Arbeitsplätze für Arbeitswillige und kurbelt die Wirtschaft an, und ich bin doch arbeitswillig, und wie!« Über den Brillenrand sah mich der Sachbearbeiter an. Dann erklang wieder seine grauenhafte Pastorenstimme: »Mein lieber Herr Vosseler, so schnell lässt sich eine Wirtschaft nicht ankurbeln, auch von ihrem Halbbruder und dessen Politik nicht.« Dann beugte sich der Sachbearbeiter mit Verschwörermiene zu mir und flüsterte: »Im absoluten Vertrauen, Herr Vosseler, in den letzten zwei Wochen sind die Arbeitslosenzahlen in unserem Bezirk sogar ziemlich heftig gestiegen.«

Nun war ich mir sicher, einen Hörfehler zu haben. Die Arbeitslosenzahlen stiegen? Wie konnte das angehen? Waren die Wahlversprechen von Acker nur eine Seifenblase? Aber Acker würde doch nie etwas versprechen, was er nicht halten konnte. Er wusste doch auch durch meine Situation, wie wichtig neue Arbeitsplätze waren, wie die Arbeitslosen unter ihrer Situation litten. Als ich zu Hause zu Gisela in die Küche kam, wollte ich ihr erst keine Details vom Gespräch mit dem Arbeitsberater erzählen. Ich erwähnte nur kurz, dass ich vielleicht demnächst Aussicht auf einen Job hätte. Aber Gisela kennt mich zu genau, und so beichtete ich doch, was ich gehört hatte. Selbst Gisela wollte es zuerst nicht glauben. Dass wir bisher nur Nachteile von Ackers Wahl gehabt hatten, war die eine Sache. Dass aber die Arbeitslosenzahlen sogar noch stiegen, schien selbst meiner eher misstrauischen Gisela unglaubwürdig. Aber es stimmte. Die Situation der Arbeitslosen verschärfte sich in den ersten Monaten von Ackers Amtszeit. Und dies betraf auch mich.

Als wir Gerhard bei einer Familienfeier trafen, war ihm nichts anzumerken. Er strahlte Optimismus aus und war bester Laune. Mit ein paar knappen Statements wischte er sofort wieder alle meine Zweifel vom Tisch. Er begründete die Schwäche der deutschen Wirtschaft mit der globalen Lage. Dass es eine internationale Wirtschaftskrise gab, wusste auch ich. Nur dachte ich, dass es unmöglich noch schlimmer kommen konnte.

Die Monate vergingen. Schon durfte ich mir beim Besuch des sonntäglichen Fußballspiels böse Kommentare über die chaotische Politik meines Bruders anhören. Ich wurde zum »Kanzlerwutventil« für viele Bekannte, Freunde, Nachbarn und andere Personen. Nur, was konnte ich armes Würstchen dafür, dass die Verbesserung der wirtschaftlichen Lage einfach nicht eintreten wollte? Mir schmerzten oft die Ohren, weil ich mir die gemeinsten Kommentare anhören musste, aber überhaupt keine Chance hatte, mit Acker über seine Politik zu reden. Dieses Thema wurde bei Familienfeiern oder den immer selteneren Telefonaten ausgeklammert, obwohl ich so viele Fragen gehabt hätte und habe! Es war nicht zu übersehen, dass Gerhard sich immer mehr von uns Geschwistern abkapselte. Er stolzierte durch eine andere, fremde Welt. Der Zusammenhalt unserer Familie begann zu bröckeln. Wieso wandte er sich von uns ab? War es sein hohes Amt? War es die aufkommende Kritik an seiner Person? Waren es seine ersten politischen Misserfolge, die nun immer klarer ans Tageslicht traten? All das wollte ich partout nicht zu Ende denken ...

Weder die anderen Geschwister noch ich waren von Gerhard und Doris jemals in ihr Haus in Hannover eingeladen worden, nicht einmal auf einen Kaffee. Es bedrückte mich, dass ich nicht wusste, wie Acker und seine Frau lebten. Unsere Tür, unser bescheidenes Heim, war dagegen immer offen für die Geschwister, natürlich auch für Acker, doch er ergriff die ausgestreckte Hand niemals.

Gewiss, ich bin kein Intellektueller und sicher nicht sehr gebildet. Aber auch wenn ich einfach gestrickt bin, muss man sich meiner doch nicht schämen. Ich bin immer ehrlich durch mein Leben gegangen, habe ohne Hintergedanken offen meine Meinung geäußert und realistisch meinen Platz in der Gesellschaft eingeschätzt. Prominent wurde ich, wenn ich es denn wirklich bin, nur unfreiwillig und hätte es gern vermieden.

Ich traf Acker beinahe nur noch auf den Geburtstagsfeiern unserer Mutter, an der er sehr hängt. Er kommt nicht nur für die Miete unserer Mutter auf, für sie ist er auch zu jeder Zeit da. Diese tiefe Sohnesliebe ist etwas, das ich an meinem Halbbruder sehr mag.

Was meine Frau und ich Acker und Doris sehr übel nehmen, ist deren Verhalten bei der Hochzeit unseres Sohnes Nickos, Ackers Neffen. Vor der Hochzeit, für die wir als Arbeitslose nicht viel Geld aufbringen konnten, meldete sich Doris telefonisch bei Gisela. Sie fragte an, womit man dem jungen Brautpaar eine echte Freude machen könne. Gisela hält mit ihrer Meinung nie hinter dem Berg, und dafür liebe ich sie ja auch. Wahrheitsgemäß erklärte sie also: »Womit kann man in der heutigen schlechten Zeit einem jungen Brautpaar eine echte Freude machen? Natürlich mit Geld für die Einrichtung, für den Hausstand.« Die Höhe der Summe, die Nickos und seine zukünftige Frau als kleinen Zuschuss hätten gebrauchen können, erwähnte Gisela natürlich nicht. Jeder sollte geben, was er wollte und konnte. So hatten wir es in unserem Leben immer gehalten: Auch ein kleines Geschenk ist etwas wert, wenn es von Herzen kommt. Das war in unserer Kindheit doch auch nicht anders.

Trotz unserer Einladung war klar, dass der vielbeschäftigte Acker nicht zur Hochzeit erscheinen würde, obwohl dies für Nickos, der sich immer gut mit seinem Onkel verstanden hat, sicher ein Höhepunkt der Feierlichkeiten geworden wäre. Aber nicht nur Gerhard und Doris erschienen nicht, es kam auch kein Geschenk: keine Vase, kein Kochlöffel, kein Eierbecher. Nur ein Glückwunschtelegramm erreichte unseren Sohn. Nickos war sehr enttäuscht, Gisela war wütend, und ich verstand die Welt nicht mehr. Unsere Schwiegertochter nahm es zwar mit Humor, konnte es aber auch nicht verstehen. Ein selbst gestrickter Topflappen, ein selbst gemaltes Bild von Doris' Tochter hätte uns viel mehr gefreut als ein unpersönliches Telegramm.

Acker weiß doch aus eigener Erfahrung, wie schwer der Weg durchs Leben sein kann, und dass selbst eine kleine Freude Ansporn und Bestätigung für den gewählten Weg ist. Ich habe ihn nie darauf angesprochen. Wir haben auch unseren Stolz, und Nickos haben wir dazu erzogen, nicht zu betteln und auch bittere Realitäten zu ertragen. Warum aber hat Doris vorher angerufen? Warum hat sie bei Nickos Vorfreude erzeugt, wenn sie nicht bereit war, ihm etwas zu schenken? Das frage ich mich bis heute. Und es bedrückt mich.

ÜRGÜP UND ANDERE ÜBERRASCHUNGEN

Die Zeit verging, und an meiner Situation änderte sich nichts. Ich war weiterhin arbeitslos und sehnte mich immer mehr nach einem sicheren Job mit Perspektive. Wir sparten, wo es nur ging, und oft machte ich mir Vorwürfe, Gisela und Nickos nicht mehr bieten zu können. An Urlaub oder einen gemeinsamen Restaurantbesuch war nicht zu denken.

Wir wurstelten uns, so gut es ging, durch und mussten immer neue Sparmöglichkeiten ersinnen. Aber trotz allem war es ein bisschen wie in der Kindheit: Wir lebten mit den bescheidensten Mitteln und durften trotzdem die Geborgenheit eines Zuhause fühlen und jeden Tag als ein Gottesgeschenk empfinden. Doch Gisela und ich waren schon immer ein ungewöhnliches Team. Selbst wenn ich am Boden zerstört war und von Selbstzweifeln geplagt wurde, schaffte sie es immer, mich wieder aufzurichten. Je größer die Sorgen, umso mehr Kraft entwickelte sie.

Eines Tages, als ich völlig mutlos und hoffnungslos war, passierte ein kleines Wunder, für das ich heute noch jeden Tag dankbar bin. Als arbeitsloser Halbbruder des Kanzlers war ich noch immer für die Medien interessant, und so wurden Menschen auf mich aufmerksam, die Gisela und ich heute stolz als unsere Freunde bezeichnen. Wie das Leben so spielt, aus schlechten Dingen können schöne erwachsen.

Ein türkischer Journalist, der als freier Mitarbeiter für einige große türkische Zeitungen in Deutschland tätig war, meldete sich telefonisch bei uns. Wir seien von dem Bürgermeister der kleinen anatolischen Stadt Ürgüp zu einem Urlaub eingeladen. Ürgüp liegt in Kappadokien. Uns sagten diese Namen und die Beschreibungen des Journalisten damals gar nichts, aber das sollte sich ändern. Wir trafen uns mit dem Journalisten, und er präsentierte uns eine traumhafte Reiseplanung.

Warum man uns einlud? Der Bürgermeister hatte in einer Zeitung von mir und meiner Arbeitslosigkeit gelesen. Dort stand, dass wir uns keinen Urlaub leisten könnten, und so hatte er kurzerhand entschieden, uns einzuladen. Man konnte sich in der Türkei einfach nicht vorstellen, dass der Halbbruder des deutschen Kanzlers noch immer als Langzeitarbeitsloser ohne berufliche Perspektive lebte. In der Türkei würde ein enger Verwandter des Regierungschefs garantiert nicht lange ohne Arbeit bleiben. Der Reporter erklärte uns, dass die Familie in der Türkei sehr viel bedeute und meist ein starker Zusammenhalt bestehe. Als ich dem Journalisten erklärte, ich wolle keinen Job aufgrund meiner Verwandtschaft zum Kanzler, sondern aufgrund meiner Arbeitsbereitschaft, verstand er mich nicht. Für ihn war es selbstverständlich, fast eine Frage der Familienehre, dass der Halbbruder des Kanzlers bevorzugt behandelt würde.

Es freute mich, mit wie viel Herzlichkeit und Anteilnahme sich dieser Journalist für unsere Probleme interessierte. Und nicht nur er, wie er uns versicherte, sondern auch andere Menschen in der Türkei. Doch regte sich schon bald mein neu erworbenes Misstrauen: »Lothar, versucht man dich hier wieder für irgendeine blöde Geschichte vor den Karren zu spannen?«

Gewohnt, nach der langen Zeit der Arbeitslosigkeit mit offenen Karten zu spielen und unsere Situation nicht zu beschönigen, schütteten wir diesem Journalisten unsere Herzen aus. Gerne würden wir seiner Einladung folgen, doch hatten wir nicht genug Geld für einen Flug in die Türkei. Um ihn zu überzeugen, leisteten wir beinahe einen Offenbarungseid. Aber es war alles geregelt, auch die finanziellen Dinge. Der ganze Urlaub sollte uns keinen Pfennig kosten, an alles war gedacht: an den Flug, ein Hotel, Verpflegung und so weiter. Zwei Wochen lang sollten wir das Land bereisen. Weder Gisela noch ich konnten einen Haken entdecken.

Später kramten wir Nickos' alten Schulatlas hervor und suchten nach Ürgüp in Kappadokien. So eine weite Reise hatten wir noch nie unternommen. In jener Nacht haben Gisela und ich keine Ruhe gefunden. Wir rätselten, warum man uns einlud, wogen das Für und Wider der Reise ab und malten uns Bilder dieser fremden Welt in den herrlichsten Farben aus. Es erschien uns einfach unvorstellbar, dass wildfremde Menschen uns einen Urlaub bezahlen wollten und uns als herzlich willkommene Gäste ansahen.

BLAULICHT UND CHAUFFEUR

Unser Flugzeug landete auf dem Atatürk-Flughafen in Istanbul. Nervös verließen wir den Flieger. Wir wurden abgeholt, um genauer zu sein, wir wurden empfangen. Der türkische Journalist war da und auch ein Abgesandter der Stadtverwaltung von Ürgüp. Vor dem Empfangsgebäude stand ein Wagen für uns bereit, mit Blaulicht auf dem Dach – und mit Chauffeur. Sofort schoss mir der Gedanke durch den Kopf: »Mein Gott, die denken vielleicht doch, dass du irgendeinen hohen Posten hast und ein wichtiger Mann bist!« Warum sonst dieser Aufwand? Befangen nahmen Gisela und ich im Fond des Wagens unsere Plätze ein und bestaunten die fremde Umgebung. Der türkische Journalist fungierte als Übersetzer, und bald legten sich meine Zweifel. Unsere Gastgeber verfolgten keine weiteren Interessen, als uns eine Freude zu machen, sich mit uns auszutauschen, und uns etwas von ihrer Heimat zu zeigen. Meiner geliebten Gisela sah ich an, dass sie sich absolut wohl fühlte. Nach dem Stress der letzten Monate blühte sie förmlich auf.

In Ürgüp wurden wir vom Bürgermeister und den Stadtvertretern wie »Staatsgäste« behandelt. Sogar einige Polizisten waren zu unserem Schutz abgestellt worden. Unzählige Kameras hielten die Begrüßung fest, aber es war alles unaufdringlich und sehr diskret, und man forderte uns nicht dazu auf zu posieren. Der Begrüßung folgte ein opulentes Abendessen. Wir wohnten in einem einfachen, sehr orientalischen und gemütlichen Hotel. Wir wurden umsorgt und verwöhnt. Gisela kleidete man mit prächtigen Gewändern ein, und auch mich staffierte man aus.

In den nächsten Tagen unternahmen wir viele Ausflüge, man zeigte uns die Umgebung, die historischen Besonderheiten und die beeindruckenden Landschaften Kappadokiens. Überall, wohin wir kamen, erwartete man uns schon. Nicht nur die Honoratioren, auch die Bevölkerung begrüßte uns sehr freundlich. Natürlich war mir klar, dass die unzähligen Fotos auch für Zeitungsartikel verwendet wurden und die Drehteams uns nicht ohne Grund auf ihre Filme bannten. Aber es gab nie Aufnahmen ohne unsere ausdrückliche Genehmigung. Nur selten kam die Sprache auf Acker. Zwar hatte man mich eingeladen, weil ich der Halbbruder des deutschen Bundeskanzlers war, doch während der Zeit in Kappadokien war Acker nur Nebensache. Hier ging es um den Menschen Lothar Vosseler und um seine Frau.

EIN LANGZEITARBEITSLOSER ALS EHRENBOTSCHAFTER

Gemeinsam mit dem Journalisten unternahmen wir eine Rundreise durch Kappadokien. In Kayseri war eine luxuriöse Suite in einem großen Hotel unser Domizil. Ich kam mir vor wie in einem Traum. Gisela, der Journalist und ich saßen am Pool, man brachte uns Obst, und ich schlürfte sehr zufrieden mein neues Lieblingsgetränk Raki. Der Bürgermeister der Stadt war ebenfalls anwesend, und wir sprachen über unsere positiven Eindrücke. In Ürgüp hatten wir gesehen, dass man in der Umgebung der Stadt von Weinbau und Landwirtschaft lebte, es gab kaum Industrie. Auch in Kayseri war es ähnlich. Obwohl es viele grandiose Denkmäler und historische Bauten zu bewundern gibt, trafen wir hier seltsamerweise kaum Touristen. Die Landschaft ist sehr schön, die Bevölkerung ist nach unseren Verhältnissen sicher nicht reich, doch die Menschen wirkten auf uns zufrieden und glücklich mit ihrem Leben.

Eines Abends lagen Gisela und ich im Bett unserer Suite und genossen den ungewohnten Luxus. Obwohl wir kein Wort türkisch verstanden oder sprechen konnten, schaltete ich den Fernseher an. Vor Schreck sprang ich fast aus dem Bett. Im türkischen Fernsehen liefen Nachrichten – und was sahen wir? Einen Lothar Vosseler, der sich kaum auf dem Kamel halten konnte, auf dem er ritt. Und dann noch mehr Bilder von mir. Wir konnten die Kommentare nicht verstehen, und ich dachte nur: Wenn das Acker sieht, seinen kleinen, arbeitslosen Halbbruder im türkischen TV, in den Nachrichten! Aber was war daran falsch oder schlimm? Schließlich hatte ich genug üble Dinge wegen meiner Verwandtschaft mit dem Kanzler erlebt, warum also sollten Gisela und ich das bisschen geschenkte Glück nun nicht in vollen Zügen genießen?

Ich hatte während der Reise nie abfällig über Acker und seine Politik gesprochen. Im Gegenteil, ich hatte in einigen Interviews immer auf die schwierige Situation der Weltwirtschaft hingewiesen und wie schwer es daher für Gerhard war, kurzfristig etwas an der deutschen Wirtschaftslage zu ändern.

Vor der Abreise führte uns unser Weg noch einmal nach Ürgüp. Dort wurde mir eine große, völlig unverhoffte Ehre zuteil: Ich wurde »Ehrenbotschafter« der Stadt Ürgüp. Mir rollten einige Tränen herunter, als mir der handbemalte Teller eines »Ehrenbotschafters« überreicht wurde.

Gisela hatte in Ürgüp das dortige Kinderheim und die Schule entdeckt. Die Kinder waren alle begeisterte Fußballspieler, doch Fußballtrikots waren teuer, ja kaum erschwinglich. Meine Frau liebt Kinder und beschloss, trotz unserer eigenen angespannten finanziellen Situation, etwas für die Kinder von Ürgüp zu tun. Nun mussten die Reporter, die ein Interview mit mir wollten, Geld bezahlen, von dem Gisela Geschenke für die Kinder kaufte. Ich als Arbeitsloser hätte mit dem Geld ohnehin nichts anfangen können. Jegliche Einnahmen werden mit meinem Arbeitslosengeld verrechnet. Also sollte es lieber den Kindern von Ürgüp zugute kommen. Noch heute ist Gisela unermüdlich auf Sponsorensuche, damit wieder ein pralles Paket in Ürgüp bei ihren Kindern landet.

Meine Funktion als »Botschafter« war aber nicht die einzige Ehre, die uns vor der Abreise zuteil wurde. So wurden wir als Ehrengäste zu einer türkischen Hochzeit im Ort eingeladen. Es war ein großes Familienfest, zu dem die ganze Verwandtschaft zusammenkam. Ich konnte nicht umhin, den vertrauten familiären Umgang mit meiner Beziehung zu Acker zu vergleichen, den ich ausschließlich bei Familienfeiern traf. Hier in der Türkei wurde das Zusammengehörigkeitsgefühl hochgehalten und gepflegt. Diesen Eindruck hatte ich auch bei späteren Reisen.

Als wir in Istanbul wieder in das Flugzeug nach Deutschland kletterten, begleitet von jenem türkischen Journalisten, der alles organisiert und geplant hatte, waren wir uns sicher, hierher wollen wir zurück.

DAS WUNDER VON MALLORCA

Dann waren wir wieder in Deutschland, und sofort kehrten die Sorgen eines Langzeitarbeitslosen zurück. Die Situation war so trist wie zuvor. Okay, was kann sich in zwei Wochen schon verändern? Die Arbeitsmarktzahlen sprachen eine höchst unerfreuliche Sprache, und erneut versank ich in Hoffnungslosigkeit. Ich versuchte weiter, einen Arbeitsplatz zu finden, aber es klappte nicht.

Ich konnte die Nachrichten im Fernsehen schon kaum mehr ertragen. Düstere Statistiken, eine Hiobsbotschaft nach der anderen – und ein Acker, der verzweifelt versuchte, seinen Kredit bei der Bevölkerung nicht gänzlich zu verspielen. Neue Gesetze wurden erlassen. Die Regierung begann mit ihrem Sparkurs, ein Schritt, der mir einleuchtete. Schließlich bedeuten leere Kassen eine schwere Hypothek für die Allgemeinheit und für folgende Generationen. Die neuen Gesetze und Sparmaßnahmen kamen bei der Bevölkerung natürlich nicht gut an. Unmut über Acker und seine Politik machten sich breit.

Unsere Türkeireise hatte in den deutschen Medien große Wellen geschlagen. Wieder begannen die Unterstellungen. Ich hätte einen Job in der Türkei angeboten bekommen, sogar ein Haus hätte man mir als Geschenk überreichen wollen, und natürlich hätte ich mich als Galionsfigur für politische Ziele der Türkei benutzen lassen. Nichts davon war auch nur annähernd wahr. Acker schien auch nicht so zu denken, jedenfalls sprach er mich deswegen nicht an. Aber wann sprachen wir überhaupt noch miteinander?

Im Wall Street Journal tauchte ein Foto aus der Türkei auf, das mich auf einem Kamel zeigte, aber erst einige Seiten später ein Foto von Acker und dem russischen Präsidenten Putin in einem Schlitten. Aber was konnte ich dafür? Um den Irrsinnsjob als Kanzlerhalbbruder hatte ich nun wirklich nicht gebeten. Ich habe mich nicht absichtlich in den Vordergrund gespielt. Nein und nochmals nein – alles, was ich mir wünschte, war, endlich wieder eine sichere Arbeitsstelle zu haben. Mittlerweile wurde mir immer klarer, dass ich als »Kanzlerhalbbruder« eine neue Arbeit wahrscheinlich nur unter strenger Aufsicht und Beobachtung der Medien erhalten würde. Aber langsam war mir jedes Mittel recht.

Inzwischen mied ich fast den Wochenmarkt, den Fußballplatz und selbst meine geliebte Eckkneipe. Ich hatte schlicht und ergreifend die Schnauze voll! Es konnte so nicht weitergehen.

Acker versuchte wieder beim Volk zu punkten, was kein einfaches Unterfangen war. Doch was er auch anfasste, was immer er an politischen Konzepten umzusetzen versuchte, irgendwie war immer der Wurm drin, und schließlich wird man nicht nur an seinen Bemühungen, sondern an seinen Erfolgen gemessen. Das war die einzige Parallele zwischen unseren inzwischen so unterschiedlichen Leben. Ich habe mir wirklich nie gewünscht, mit ihm zu tauschen. Erstens wäre mir das Amt zu stressig, und zweitens reicht mir schon meine unbedeutende, aber anstrengende Position als »Kanzlerkritikventil«.

Ich war also weiterhin Stammgast auf dem Arbeitsamt. Zwischenzeitlich versuchten einige Leute, mich als billigen Werbeträger für die merkwürdigsten Dinge zu benutzen; am liebsten natürlich umsonst. Auf absonderliche Ideen kamen die Leute dabei, aber ich hatte trotzdem die Hoffnung, es könnte etwas Interessantes dabei sein. Wir hatten zwar inzwischen Erfahrung mit solch dubiosen Angeboten, aber wenn die Verzweiflung am schlimmsten ist, ist auch die Dummheit am größten. Trotzdem, irgendwann musste doch auch ich Glück bei der Arbeitssuche haben. Inzwischen war ich fast bereit, jeden, aber auch wirklich jeden Job anzunehmen.

Und dann kam er wirklich, der große Einschnitt in unserem Leben. Ein Jobangebot! Der Anruf kam ganz überraschend. Das erste Mal schien ich von meiner Verwandtschaft zum Kanzler zu profitieren und nicht nur Schläge einstecken zu müssen. Ein findiger Unternehmer hatte eine Marktlücke in der Tourismusbranche entdeckt. Er ließ in Finnland ein U-Boot für Touristen bauen, für Unterwasserausflüge vor Mallorca. Als besondere Attraktion sollte ich diese Ausflüge begleiten. Das ganze Geschäftsprinzip war gründlich durchdacht und faszinierte mich.

In Deutschland hielt uns eh nicht mehr viel. Die Situation war sehr trostlos, und die Wirtschaft kam einfach nicht in Gang. Ein normaler Arbeitsplatz lag in weiter, sehr weiter Ferne. Doch ich wollte endlich wieder arbeiten, und sei es als »Kanzlerhalbbruder, der Touristenhände schüttelt« auf Mallorca. Mit dem Gedanken, mich als Werbefigur benutzen zu lassen, hatte ich mich ja bereits abgefunden. Aber wenn schon Werbeträger, dann doch einige Flugmeilen zwischen Deutschland und den »Tatort« bringen, dachte ich. Meine Aufgabe auf Mallorca war es, die

Touristen am Hafen abzuholen und sie mit einem Überführboot zu dem U-Boot zu bringen, das vor dem Hafen lag. Ein Job als Einweiser also. Mir war das recht. Warum sollte ich nicht den ungewollten Promistatus ausbeuten?

Der Besitzer des U-Bootes lud Gisela und mich zur Probezeit auf Mallorca ein. Ich hatte ausgiebig Gelegenheit, das neue Umfeld zu erkunden und mich mit meinem Job zu befassen, um eine angemessene Entscheidung zu fällen. Wir fühlten uns sofort wohl, und das Vertragsangebot war außergewöhnlich gut. Zwar war ich nicht wirklich begeistert davon, den Touristenclown zu spielen, aber das war immer noch besser, als in Deutschland keine Chance auf einen Job zu bekommen. Wir lösten unseren Haushalt in Deutschland auf und zogen voller Hoffnung und Zuversicht nach Mallorca.

NICHT MEHR NUTZLOS

Eigentlich schmeckte es mir überhaupt nicht, keine »richtige«, keine körperliche Arbeit zu leisten. Aber nach so langer Zeit des Nichtstuns war ich froh über jede Beschäftigung. Die Arbeitsbedingungen waren sehr gut. Das Team war in Ordnung. Ich durchlief eine kurze Eingewöhnungs- und Schulungsphase, und schon ging es los! Ich war täglich an der frischen Luft, die meisten Touristen waren ausgesprochen nett, und ich fühlte mich seit langem wieder einmal nicht nutzlos und überflüssig.

Ich empfing die aus allen Richtungen zusammenströmenden Touristen in unserer Hafenbasis, erklärte ihnen gemeinsam mit anderen Mitarbeitern das Tauchboot, war auf dem Zuführboot zugegen und war zudem als Fotoobjekt gefragt. Eine nette Erinnerung an ein besonderes Ereignis: »Der Halbbruder des deutschen Kanzlers hat Ihnen beim Einstieg ins Tauchboot geholfen und Ihnen die Hand geschüttelt.« Wie viele Hände ich geschüttelt und in wie viele Kameras ich gegrinst habe, weiß ich nicht; es müssen Tausende gewesen sein.

Natürlich griffen die Medien meinen neuen Job begierig auf. Die Tendenz der Berichterstattung lautete in etwa: Der Kanzlerhalbbruder hat in Deutschland keine Chance, einen vernünftigen Job zu finden, also wird er zum Tauchboot-Steuermann und zur Touristenattraktion. Eigentlich war mir das unterdessen egal, denn ich war froh, nun nicht mehr als Arbeitsloser, sondern als Tauchboot-Einweiser und Touristenhändeschüttler im Fokus der Medien zu stehen. Ich hatte endlich wieder einen festen Job und musste nicht mehr von Arbeitslosengeld leben. Nichts anderes zählte für mich, auch wenn das egoistisch klingen mag. Trotzdem hatte ich die Hoffnung noch nicht verloren, dass Acker in Deutschland die politische und wirtschaftliche Kurve kriegen und sich alles zum Guten wenden würde. Für mich und Gisela wurde es auf Mallorca immer besser. Der Besitzer einer deutschsprachigen Zeitung erkannte meinen hintergründigen Humor, und ich schrieb für dieses Blatt eine Kolumne.

EIN ANGRIFF AUS DEM RUHRPOTT

Ich wohnte mit Gisela in Palma Nova, einem Traumort direkt an der Küste. Dieser Ort in der Nähe von Palma, neben einem der englischen Touristenviertel von Mallorca, wurde vorübergehend unser Zuhause. Jeden Morgen bot die Strandstraße in der direkten Nähe ein Bild der Verwüstung. Schuld trugen die nächtlichen Sauforgien der Touristen. Die unzähligen Flecken von Erbrochenem waren widerlich, die leeren Flaschen und Getränkedosen türmten sich übereinander, aber die Stadtreinigung von Mallorca brachte alles immer wieder schnell in Ordnung. Die Engländer und Deutschen liebten nun einmal das Sangria-Kampftrinken. Viele toppten dies noch durch zusätzlichen Bierkonsum, der sie noch schneller ins alkoholische Koma versetzen sollte. Auch eine Art von Effizienz.

Dort also, an einem der schönsten Flecken von Mallorca, verunziert nur von den Kampftrinkern, hatte uns der Betreiber des

Touristentauchbootes eine möblierte Wohnung gemietet. Sie hatte drei Zimmer, war sehr geräumig und schön eingerichtet. Wir hatten einen Balkon mit fantastischem Blick über das Meer. Ich war sehr glücklich. Bald fanden wir auf Mallorca einige Freunde, und auch Gisela gefiel es auf der Insel gut. Ich freute mich wie ein Schneekönig, als meine Mutter ihren Besuch ankündigte. Drei Wochen wollte sie bei uns bleiben. Acker hatte ihr großzügig den Flug spendiert, wir waren für den Rest der Urlaubsfinanzierung verantwortlich. Es war ein wunderbares Gefühl für mich, nun wieder durch Arbeit Geld verdienen zu dürfen. Nach langer Zeit konnte auch ich meiner Mutter beweisen: »Mama, du hast als Mutter alles richtig gemacht. Dein einer Sohn ist Kanzler, und der jüngste ist auch endlich wieder in Lohn und Brot.« Meiner Mutter gefiel der Aufenthalt auf der Insel und uns ihr Besuch. Sie bestärkte mich wieder, an die Politik meines Bruders zu glauben. Es waren eben schwierige Zeiten, und die Menschen waren einfach zu ungeduldig. Acker war gewiss noch immer auf dem besten Weg, die hohen Erwartungen zu erfüllen.

Die Zufriedenheit meiner Mutter gab mir Recht, gegen all meine Bedenken, doch aus der Not heraus den ungewöhnlichen Job angenommen zu haben. Ich ging täglich zum Shakehands, ließ mich mit Unmengen von Touristen fotografieren und begann meine Arbeit wie ein routinierter Schauspieler zu absolvieren. Die Fahrten zwischen Hafen und Tauchboot sowie meine Arbeit in der Hafenbasis fingen an, mir sogar richtigen Spaß zu machen. Es war also eigentlich der lange erwartete Traumjob. Sollte das Schicksal es doch noch gut mit mir und meiner Gisela meinen? Ich bin gerne mit den unterschiedlichsten Menschen zusammen, genieße Gespräche jeder Art. Doch mein Kanzlerhalbbruderdasein sollte auch auf Mallorca bald unangenehme Konsequenzen nach sich ziehen.

Es war ein herrlicher Tag, die Sonne brannte vom Himmel, und ich war bester Laune. Fröhlich trat ich meinen täglichen Dienst als Händeschüttler und Touristenfotofigur an. Wir hatten unseren Kleinwagen mit nach Spanien genommen, und mit ihm tuckerte ich nun zu meiner Arbeitsstelle. Unter den Touristen, die entspannt ihren Urlaub genossen, waren auch einige echte »Malocher« und »Kumpel« aus dem Ruhrgebiet. Diese Herrschaften waren nicht wegen der Unterwasserfahrt gekommen, nicht wegen der Fische und der Schönheit des Meeres, sondern meinetwegen; weil sie mich unbedingt persönlich sprechen wollten. Ich begrüßte die ersten Tauchbootgäste in meiner grandiosen Vollmatrosen-Fantasieuniform und stand für die Fotos schon in Positur. Inzwischen hatte ich mich daran gewöhnt, in die unzähligen Kameras zu schauen, mit den Touristen über meinen Halbbruder zu plaudern, und es war bis dato zu keinem negativen Erlebnis gekommen.

An jenem Morgen jedoch musterten mich drei finstere, muskulöse Typen. Ich konnte mich nicht daran erinnern, jemandem in der kurzen Zeit, die ich auf Mallorca war, auf die Füße getreten zu sein. Deutschland, Acker und die Medien schienen mir weit entfernt. Warum sollte jemand auf mich, die Werbefigur eines Tauchbootes, ernsthaft böse sein? Aber falsch gedacht, die drei Typen kamen mit großen Schritten auf mich zu. Offenbar befanden sie sich auf dem Kriegspfad. Flucht oder Schlacht war nun die Frage. Ich entschloss mich zur Schlacht. Einen Vosseler/Schröder schreckt so schnell keine Gefahr, das bewies schließlich auch mein Bruder. Der erste der Kleiderschränke hatte mich fast erreicht. Ich stand am Zugang des mit Touristen gefüllten Bootes. Zum Glück war das Hafenwasser tief genug, um ohne die Gefahr eines Genickbruches hineinzuspringen, so dass ich mich notfalls als schneller Kraulschwimmer in Sicherheit bringen konnte. Ein verprügelter Lothar mit blauem Auge hätte meiner Mutter auf Urlaubsbesuch bestimmt nicht gefallen.

Das »Ruhrpottmonster« – mein Gott, was hatte der Typ für breite Schultern! – sprach mich mit tiefer Stimme an: »Hey, Alter, du bist doch das komische Anhängsel von unserem bekloppten Kanzler, der seine Wahlversprechen nicht eingehalten hat?« Mir war sofort klar, Gegenwehr ist zwecklos. Ich stotterte: »Hey, Kumpel, hast Recht, ich bin der blöde Halbbruder unseres Kanzlers, kann ich dir helfen, wollen wir zusammen für die Kamera posieren?« Der Riese, inzwischen roch ich seine Alkoholfahne, antwortete grollend: »Du rufst jetzt sofort deinen spastischen Bruder an und verlangst eine Erklärung dafür, warum er uns mit seinen Wahlversprechen beschissen hat und wann er endlich Wort hält. Wir wollen, dass unsere Kohle und Zechen im Ruhrpott weiter subventioniert werden, schließlich brauchen wir unsere Jobs! Verarschen können wir uns selber, da brauchen wir dich und deinen Kanzlerbruder nicht zu!«

Das saß. Ich versuchte, einen Ausweg zu finden: »Welche Wahlversprechen meinst du? Etwas Genaues?« »Pass mal auf, du abgebrochener Zwerg, du verstehst mich ganz genau! Ich meine das Gestammel deines Lügenbarons vor der letzten Wahl, als er unsere Stimmen brauchte. Alles nur wegen unserer Wählerstimmen! Es gibt bald keine Arbeitslosen mehr, 'ne super Wirtschaft und so 'n Zeug! Nichts davon hat er gehalten, er hat gelogen! Also kein Gelaber oder noch mehr Lügen. Ruf sofort den Kanzler an, ich will nun endlich Taten sehen, verstanden? Oder haste nicht mal seine Rufnummer? Das will ich für dich nicht hoffen, sonst hau ich dir sofort in die Fresse!«

Falsche Antworten würden mich womöglich mit schweren Knochenbrüchen ins Krankenhaus von Palma bringen, also bemühte ich mich, diplomatisch zu sein: »Kein Problem, ich versuche gleich, Gerhard und sein Regierungsteam zu erreichen, hoffe nur, ich habe guten Empfang hier am Hafen.« Inzwischen bekamen nicht nur die Touristen, sondern auch das Tauchbootpersonal in der Basis mit, dass sich hier etwas Besonderes, Spannendes abspielte und ich als Halbbruder des Kanzlers das Opfer sein sollte. Ob unschuldig oder nicht, spielte dabei keine Rolle, Hauptsache, es brachte allen Zuschauern Spaß. Ein weiteres Urlaubsvergnügen, noch dazu ohne Eintrittsgeld.

Ich schwitzte und fror gleichzeitig und bekam eine Gänsehaut nach der anderen. »Entschuldige, tut mir Leid, ich habe da ein Problem. Ich hab nur mein spanisches Handy bei mir, in diesem aber die direkte Bundeskanzleramtsnummer nicht eingespeichert. Die habe ich zu Hause, in meinem Handy aus Deutschland, können wir den Anruf nicht auf den nächsten Tag verschieben?« Auch ohne Worte konnte ich die Antwort im Gesicht meines neuen »Freundes« ablesen. Das kam nicht gut an bei dem Ruhrpottler, ich war in höchster Gefahr. Der Riese packte ohne jeden weiteren Kommentar mein Handy und zerquetschte mir dabei fast die Hand. Das Mobiltelefon lernte fliegen, und zwar direkt ins Hafenbecken. Ich sah es noch im klaren Hafenwasser versinken. Mein Gehirn ratterte wie irrsinnig, und ich überlegte krampfhaft, wie ich mich retten konnte.

Eine spanische Kollegin stand mit erwartungsvoll geöffnetem Mund und aufgerissenen Augen neben mir und wartete wie eine Zuschauerin beim Boxkampf, dass ich nun gleich auf die Bretter geschickt werden würde. Ich griff einfach ihr Handy, das sie am Gürtel trug, und tat, als riefe ich die Auskunft in Deutschland an. Laut und unüberhörbar betonte ich, dass ich der Bruder des Kanzlers sei, und verlangte, mit dem Bundeskanzleramt verbunden zu werden. Mein Deodorant versagte, und unter meinen Achselhöhlen bildeten sich ganze Meere von Angstschweiß.

Mit aller Überzeugungskraft tat ich so, als wäre Acker am anderen Ende der Leitung. Ich spielte dieses Spiel geschickt, fragte meinen Ruhrpottfreund sogar nach seinem Namen und schilderte dem imaginären Acker seine Probleme. Dabei hatte ich ein komisches Pfeifen im Ohr, da ich nur einige Zahlen eingetippt hatte. Ich sprach eindringlich auf Acker ein, beschwor ihn mit harten Worten, sofort etwas für die »Malocher« im Ruhrgebiet zu unternehmen, und steigerte mich, indem ich fast befahl, die Kohlesubventionen und die Unterstützung der Stahlindustrie nicht zu streichen. Dann beendete ich das angebliche Gespräch damit, dass ich Acker auftrug, seine Doris zu grüßen.

Als ich das Handy meiner Kollegin zurückgegeben und mich wieder etwas gefangen hatte, nahm mich mein neuer Freund in seine starken Arme. Mir blieb der Atem weg. Alle Zuschauer waren überzeugt: Ich hatte mit dem Kanzler direkt gesprochen, mit brüderlichen, harten Worten, hatte meinen politischen Einfluss geltend gemacht und durchgesetzt. Ich überlegte mir, warum ich mich später nicht um eine Fernsehrolle bewerben sollte, Talent schien ich ja zu haben!

Eigentlich wundere ich mich noch heute über die Naivität der Leute. Warum sollte mich die Auskunft mit dem Bundeskanzleramt verbinden und mich dort eine Sekretärin mit dem Kanzler selbst, nur weil ich mich mit Vosseler meldete? Aber die Menschen wollen oft glauben, was sie sich wünschen, gerade wenn die Sorgen am größten sind. Vielleicht sollten die Politiker auch einmal über mehr Volksnähe nachdenken, anstatt die Bevölkerung während einer Regierungsperiode nur mit neuen Gesetzen und Maßnahmen »von oben« zu konfrontieren. Nur vor den Wahlen wird die Nähe groß geschrieben. Das schafft nur noch mehr Politikverdrossenheit im Volk, ein unguter Kreislauf!

Der Auflauf hatte sich aufgelöst. Das Zuführboot, voll mit Touristen, war in Richtung Ankerplatz abgefahren, natürlich ohne mich. Mein Kumpel aus dem Ruhrpott und seine Freunde waren in Richtung Bierpinte verschwunden und hatten mich völlig fertig zurückgelassen. Mir zitterten immer noch die Knie. Hatte ich wirklich so abgebrüht reagiert?

Das Gefühl der Erleichterung überwog zwar, aber ich schämte mich auch. Aus Feigheit zu lügen und anderen etwas vorzuspielen, ist wirklich kein Charakterzug von mir. Aber ich hatte, wie ich nun bemerkte, einige Überlebenslektionen als Kanzlerhalbbruder gelernt. Ich schwor mir, meiner Gisela nichts davon zu erzählen, und habe dies bis dato auch nicht getan. Nun wird sie es erfahren und sicher verstehen.

Meine spanische Kollegin, die ausgezeichnet Deutsch versteht und spricht, war immer noch bemüht, mit der Wahlwiederholungstaste die Rufnummer des Bundeskanzleramtes, vielleicht sogar des Kanzlers selber, herauszufinden. Dies musste ich nun schnellstens unterbinden, bevor der gesamte Schwindel aufflog. Schließlich hatte ich ja nur willkürlich einige Zahlen eingetippt. Lächelnd nahm ich ihr das Handy aus der Hand. Ohne ein Wort zu sagen, schleuderte ich es lässig über meine Schulter. Und so verschwand es mit einem leisen Plumpsen im tiefen Hafenbecken. Ich kaufte meiner Kollegin noch am selben Tag ein neues Mobiltelefon. Als Erklärung für mein Verhalten musste die Ausrede der Geheimhaltung der Rufnummer herhalten. Meine Kollegin hat es mir geglaubt.

DIE PRESSE RÜSTET AUF

Meine Mutter genoss weiterhin ihren Urlaub. Mit solchen Problemen wollte ich sie auch nicht belästigen. Stets wohlgelaunt, mit einem Badeanzug bekleidet und durch einen riesigen Strohhut vor der Sonne geschützt, saß sie auf unserem Balkon. Sie fühlte sich sichtlich wohl. Kam ich von der Arbeit, unternahmen wir meist einen ausgiebigen Spaziergang. Natürlich durfte das obligatorische Kaffeetrinken an der Promenade von Palma nie fehlen. Gemeinsam mit Gisela erkundeten wir auch die Insel, am liebsten die kleinen Dörfer abseits der Touristenzentren.

Manchmal, wenn auch selten, sprachen wir über Acker und seine Politik. Zwar war der Einblick meiner Mutter in das Privatleben und das Umfeld Gerhards nicht gerade umfangreich oder intensiv, aber zumindest konnte sie ab und zu Eindrücke erhaschen – im Gegensatz zu mir, was mich sehr schmerzte. Aber wie ich es nicht anders von ihr kannte, meine Mutter konnte schweigen. Sie war zufrieden, wenn es ihren Kindern gut ging. Sie stand, wie schon immer, hinter dem, was ihre Kinder taten, egal, ob es falsch oder richtig war. Aber welche Mutter reagiert nicht so?

Hätte ich ihr erklären sollen, warum mich Ackers Privatleben so interessierte? Sie hätte meine Enttäuschung über die immer seltener werdenden Kontakte zwischen Acker und mir nicht verstanden. Ich konnte meine Trauer über die Zurückweisung auch vor ihr nicht zugeben. Gerhard war Kanzler und hatte natürlich schwer an der Verantwortung des hohen Amtes zu tragen. Dass sich aber inzwischen die familiären Bande ihrer beiden Söhne als immer dünner, zerbrechlicher erwiesen, konnte und wollte ich meiner Mutter nicht erklären. Schließlich freute ich mich, dass sie bei uns war, und wollte ihr den wohlverdienten Urlaub nicht verderben. Dass Acker uns während der gesamten drei Urlaubswochen nicht einmal anrief, sich nicht zumindest nach ihrem Wohlbefinden erkundigte, war für meine Mutter zwar nicht normal, sie schien es aber auch nicht zu vermissen.

Pragmatisch begann ich, schon jetzt über die Zeit nach Mallorca nachzudenken. Okay, im Job lief es relativ gut. Ich kam mit allen Kollegen zurecht, hatte einen fairen Chef, aber mein Misstrauen und die tiefe Angst vor einer erneuten Arbeitslosigkeit ließen mich nicht los. Mein Job war eindeutig ein PR-Job, abhängig von meiner schicksalhaften Prominenz, auf die ich keinen Einfluss hatte. Wenn ich nicht mehr als Touristenmagnet funktionierte und als PR-Ikone nicht mehr gefragt war, wäre ich sofort überflüssig. Zwar versuchte ich diese Gedanken so schnell wie möglich zu verdrängen, aber sie kamen immer wieder. Ich wäre lieber an einer wirklich produktiven Leistung gemessen worden. Aber ich hatte doch alles versucht, eine andere Arbeit zu finden – vergeblich.

Eigentlich blieb mir nur die Möglichkeit, meine Halbbruderschaft zum Kanzler zu vermarkten. Das Schicksal konnte ich nicht ändern. Über einen Tipp von Acker, wie ich es anders hätte anstellen können, wäre ich sehr dankbar gewesen. Doch ein solcher kam nie, ich blieb auf mich allein gestellt und ohne den Ratschlag meines Halbbruders, eines der mächtigsten Männer Europas, dessen Intelligenz ich schon als Kind bewundert hatte. Ich zweifelte an Gerhards Politik, nicht aber an seiner Person. Nein, ich liebte und liebe meinen Bruder als Menschen, egal, welche Fehler er hat und wie sehr ich unter seinem Amt als Kanzler leiden musste und muss.

Meine Erinnerungen an unsere Kindheitserlebnisse waren mir immer präsent. Ich vermisse den spontanen und brüderlichen Kontakt zu meinem Halbbruder sehr. Warum konnte ich an seinem Leben nur noch so sporadisch teilhaben? Ich grübelte sehr oft darüber und kam zu keiner Antwort. Was hatte ich getan, war meine kleine Welt so schäbig? Es konnte doch nicht sein, dass er sich nicht mehr für mich, mein Leben und auch meine Sorgen interessierte. Blut ist schließlich dicker als Wasser, und wir hatten zusammen so viel erlebt, Sorgen und Nöte geteilt, aber auch das Wenige, das wir hatten. Das konnte Acker doch nicht alles vergessen haben, seitdem er in dieser so völlig anderen Welt der großen Politik, der Hochfinanz und der Macht lebte. Ich war trotz aller Zweifel immer noch davon überzeugt: Acker würde auch noch politisch beweisen, dass seine Wahlversprechen nicht nur leere Worthülsen waren.

Wie nicht anders zu erwarten, fanden sich nun immer mehr Medienvertreter auf Mallorca ein, um über den Job des Kanzlerhalbbruders zu berichten. Und natürlich war ich mal wieder für einige Journalisten der dumme, mediengeile, berechnende Faulpelz, der aus seiner Verwandtschaft Profit ziehen wollte. Ich war bestimmt nicht das Abbild des geschäftstüchtigen Kanzlers, wie auch, wo hätte ich dies lernen können. Doch hätte ich lieber weiter zum Arbeitsamt gehen und die Absagen von Arbeitgebern sammeln sollen? Meine Eigeninitiative passte einigen Journalisten nicht.

Es schien ihnen Freude zu bereiten, über meinen Job zu lästern und mich als Clown hinzustellen. Wie es in mir aussah, interessierte keinen. Ich gab als PR-Figur für ein Tauchboot vor Mallorca reichlich Schreibstoff und Fotomaterial her. Weigerte ich mich, für Fotoshootings oder Interviews zur Verfügung zu stehen, verärgerte ich nicht nur die Presse, sondern auch meinen Arbeitgeber, der auf diese Werbung natürlich nicht verzichten wollte. Also hatte ich mitzuspielen, egal was für haarsträubende und erniedrigende Artikel einige Journalisten über mich schrieben. Natürlich billigte ich der Presse das Recht zu, über mich zu berichten, aber ich ließ mich nicht gern als Vollidiot abstempeln. Es hätten nur noch Strippen an meinen Händen und Füßen gefehlt: Einmal ziehen, und Vosseler macht Handstand, zweimal ziehen, Vosseler lächelt, und wenn man an beiden Strippen gleichzeitig zieht, fällt Vosseler zur Freude aller auf die Schnauze! Zum Glück gab es einige Journalisten, die mich verstanden und fair berichteten, aber für die meisten war ich nichts als ein Hanswurst, der nicht in der Lage war, sich in schweren wirtschaftlichen Zeiten in einer Anstellung zu behaupten und sie sich langfristig zu sichern.

Aber, wie gesagt, wenn keiner mehr über mich schrieb, verlor ich meinen Job und konnte wieder zum Arbeitsamt gehen. Wer mit dem Teufel isst, muss eine lange Gabel haben. Auf Mallorca hatte ich hinzugelernt und das Spiel der Medien zu verstehen begonnen, wenn auch sehr langsam. Auch mein Wert für die Presse war mir klar geworden. Aber eigentlich ist das nicht meine Welt, mir sind andere Werte wichtiger. Das ist jedoch nur schwer zu vermitteln, da viele Menschen eine vorgefertigte Meinung über mich haben und nicht bereit sind, diese zu ändern. Nun, es ist ja auch einfacher, eine Schablone zu benutzen, als sich Gedanken über die wirklichen Beweggründe eines Menschen zu machen. Aber aufgeben wollte ich auf keinen Fall. Was ich nun hatte, wollte ich auch festhalten. Dann spielte ich eben den Clown. Lieber ein bezahlter Clown sein als ein Langzeitarbeitsloser.

Selbst Tauchbootgäste wurden in Interviews über mich befragt, doch zu meiner Freude erklärten etliche, ich sei doch wirklich ein netter, bodenständiger Mann und man solle Respekt vor meiner Eigeninitiative haben, schließlich sei mein Job doch besser, als dem Staat als Langzeitarbeitsloser zur Last fallen. Man könne mit mir unterhaltsam und vernünftig über die verschiedensten Dinge reden, auch über Politik und meinen Bruder. Teilweise hatten die Menschen also erkannt, dass ich einer von ihnen war und nicht ein abgehobener Kanzlerhalbbruder. Selbst meine PR-Tätigkeit wurde mir von den meisten verziehen.

Meine Mutter war wieder abgereist, und ich empfand meinen Job mit der Zeit mehr als Glücksfall und fühlte mich auch als

Mensch anerkannt. Anscheinend wurde ich zumindest von den Bootsgästen nicht nur als dumme Werbefigur wahrgenommen, sondern auch als Mensch. Ich verstand sie mit ihren Sorgen, und sie verstanden mich und meine Verhaltensweise. Gisela und ich waren glücklich.

Selbstsicherer geworden, gestatteten wir uns immer öfter – der arbeitenden, verdienenden Klasse angehörend und ohne drückende Geldsorgen – einen Kneipenbummel, einmal auch durch die weltbekannte Schinkenstraße von El Arenal. Das war ein Fehler. Der Alkohol, der dort in Hektolitern floss, enthemmte die Leute ungemein. Ich, der Touristenhändeschüttler, das Fotomotiv, der Kanzlerhalbbruder kam ihnen als Opfer gerade recht. Das hätte ich eigentlich aufgrund meiner Erfahrungen wissen müssen. Dank der Berichterstattung erkannten mich die etliche angetrunkene Gesellen natürlich, und einige fingen sofort an zu grölen. Gisela und ich standen vor einem Dilemma. Sollten wir flüchten? Aber die Menschenmassen standen überall dicht gedrängt, und wir waren zwischen trinkenden, lallenden und ziemlich aufdringlichen Menschen eingekeilt.

Tapfer gab ich Autogramme und versuchte, auch verletzende und gemeine Fragen mit Humor zu beantworten. Natürlich bekam ich auch häufig heftige Kritik an Ackers Politik zu hören. Allerdings sah niemand in mir einen Mitschuldigen für die diversen Probleme, und es verlangte auch niemand von mir, sofort etwas an der Politik zu ändern. So überstanden wir das Abenteuer Schinkenstraße ohne Blessuren. Ich hatte ja bereits einiges an Routine gewonnen und meisterte diese Situation, wie vielleicht auch Acker eine heiße Bundestagsdebatte wegen seiner Arbeitsmarktpolitik gemeistert hätte.

Es gab dabei nur einige gravierende Unterschiede. Im Gegensatz zu Acker war ich eine ungeschützte Zielscheibe. Ich hatte weder Furcht einflößende Bodyguards, die Giselas und meine Unversehrtheit schützen, ich besaß keine politische Immunität und keine Minister, die als willfährige Opfer einsprangen. Meine Probleme musste ich ohne Beraterstab lösen. Ich schwor mir nach diesem Abend wieder: Lothar, immer erst genau über die Situation und mögliche Gefahren nachdenken. Vor- und Nachteile genau abwägen, bevor gehandelt oder durch die Kneipen gebummelt wird. Diesen an sich guten Vorsatz hielt ich dann aber leider doch nicht ein.

Ich muss hier erwähnen, dass meine Gisela sich strikt weigerte und heute noch weigert, vor TV- oder andere Kameras zu treten, um als Kanzlerschwägerin zu posieren. Sie ist da viel konsequenter als ich und setzt sich durch. Fotos von ihr sind seit Ackers Wahl zum Kanzler eine Rarität. Gisela hasst jeden Medienrummel und will nur eines: In Ruhe und ohne die Medien und ihre Fantasiestorys leben. Selbstdarsteller sind meiner prinzipientreuen Frau ein Gräuel. Für Gisela sind Politiker schlimmere Selbstdarsteller als Schauspieler. Sie meidet Politiker wie der Teufel das Weihwasser. Ihrer Meinung nach ist sie durch ihren Schwager im Bundeskanzleramt schon genug gebeutel.

Auch an diesem Abend gelang es niemandem, Gisela abzulichten. Sie entwischte den unzähligen Kameraobjektiven immer wieder.

WIE AUS UNBEKANNTEN FREUNDE WERDEN

Gisela und ich hatten in Deutschland einen großen, aber überschaubaren Freundeskreis zurückgelassen. Wie groß die Zahl unserer Freunde aber wirklich war und wie viele, uns kaum bekannte Menschen, sich auf einmal dazuzählten, ahnten wir damals nicht. Durch die umfassende Berichterstattung waren auch Detmold und Umgebung darüber informiert, dass die Vosselers nun auf Mallorca lebten und eine herrliche Wohnung direkt am Wasser bewohnten. Es wurde ja laufend in den Medien darüber berichtet, dass es uns gut ging und vielleicht ja doch die Beziehungen des Kanzlers dahintersteckten.

Nach der Abreise meiner Mutter hatte es sich mit der Idylle erledigt. Die »Pension Vosseler« hatte ohne unser Wissen eröffnet, und die ersten Freunde, samt umfangreichem Anhang, reisten an. Gab es etwas Besseres, eine kostengünstigere Variante? Nur die Flüge mussten unsere Freunde aus Deutschland selbst bezahlen. Kostenlose Unterkunft mit Frühstück lieferten wir. Flüchtige Bekannte wurden auf einmal zu langjährigen Freunden, und ich dachte: »Ade, schöne ruhige Zeit! Wo kommen auf einmal all die Freunde her, solltest du mit so einer großen Anhängerschar nicht eine eigene Partei gründen?« Okay, wir freuen uns immer über Besuch, aber warum mussten einige gleich den gesamten Familienclan mitbringen oder uns, die man vorher kaum beachtet hatte, nun als enge Freunde bezeichnen?

Gisela wurde zur Pensionswirtin wider Willen, zeitweilig trockneten ganze Babyausstattungen auf unserem Balkon, weil selbst die lieben Enkel mitgebracht worden waren. Gab es für Großfamilien keine günstigen Hotels auf Mallorca? Warum musste unsere schöne Wohnung als Nachtlager ganzer Familienverbände herhalten? Obwohl Gisela meist kurz vor einem Wutausbruch stand und ich selber kaum mehr zur wohlverdienten Ruhe nach dem Dienst kam, wehrten wir uns nicht. Was sollten wir auch sagen? »Raus, sofort, nehmt euch ein Hotel, wir treffen uns einmal täglich zum Kaffeetrinken, falls wir Lust dazu haben!« Das wäre wahrscheinlich die richtige, aber sehr unfreundliche Alternative gewesen. In der gesamten Zeit auf Mallorca waren wir genau fünf Wochen ohne Besuch, konnten nur in dieser Zeit unser Eheleben, unsere Freizeit ohne irgendeine Einmietung genießen. Manchem mag das dumm erscheinen, aber Gastfreundschaft war uns schon immer sehr wichtig. Für uns ist das eine Lebensmaxime.

Ich beobachtete von Mallorca aus weiterhin Ackers politische Schachzüge, seine Erfolge und die vielen Misserfolge. Warum änderte sich nichts? Hatte Acker endgültig versagt? Meine Informationen bezog ich weiterhin nur aus Presse und TV, persönlicher Kontakt fehlte.

4. KAPITEL

Ackers zweite Amtszeit

ACKER IM ENDSPURT

Auf Mallorca braute sich Ärger zusammen. Ich schrieb eine Kolumne für eine große Zeitung aus Köln. In dieser Kolumne scheute ich auch nicht vor Kritik an meinem Halbbruder zurück. Das verstanden viele Menschen nicht und beschimpften mich als Nestbeschmutzer. Aber das störte mich nicht, ich wollte meine Meinung sagen.

Mein Arbeitgeber hatte nach einem Fototermin auf Mallorca einer großen deutschen Tageszeitung die exklusiven Rechte an den Fotos von mir zugesichert. Die andere Zeitung nahm mir das natürlich übel. Die Kolumne und der mit ihr verbundene Verdienst hatten sich erledigt. Ich tröstete mich damit, dass ich ja noch die Kolumne für die deutschsprachige Zeitung auf Mallorca schrieb; das brachte auch etwas Geld und viel Spaß. Mit meinem Arbeitgeber auf Mallorca konnte ich wegen dieser Sache keinen Streit riskieren, sonst drohte sicher ein sofortiger Rauswurf. Aber es passieren noch Zeichen und Wunder. Mein Arbeitgeber sah seinen Fehler von selbst ein, zahlte mir zu meinem großen Erstaunen einen Teil des verlorenen Betrages freiwillig zum Gehalt dazu.

Die Wochen und Monate auf der spanischen Insel vergingen wie im Fluge. Ich las viel Zeitung und erfuhr, dass es in Deutschland endlich wieder ein bißchen bergauf ging. Die Wirtschaft erholte sich etwas, die Arbeitslosenzahlen sanken ein wenig, und es schien wieder Licht am Ende des Tunnels zu geben. Was war passiert? Griffen Ackers politische Konzepte endlich, hatte er die Kurve gekriegt? Schließlich standen die Wahlen gegen den Unionskanzlerkandidaten Stoiber an, und Acker musste nun verdammt schnell punkten, wenn er nicht in den Kanzlerruhestand geschickt werden wollte. Ich sah Acker im Fernsehen, wie er sich bei einer Wahlrede die sinkende Arbeitslosenquote stolz an sein Revers heftete. Da war er wieder, der kämpferische alte Acker, für den Bürgernähe kein leeres Wort war. Mit einer überwältigenden Dynamik und unbändigem Kampfgeist hetzte er von einer Wahlveranstaltung zur nächsten. Im TV-Duell gegen Stoiber ließ er sich nie provozieren und schlug geschickt zurück, wenn der Gegenkandidat ihn angriff.

Ja, das war mein alter Acker. Vielleicht hatte er die politischen Misserfolge nicht nur verdaut, sondern daraus auch seine persönlichen Lehren gezogen, war an seinem Amt und der Aufgabe gewachsen? Es schien zumindest so. Wenn ich von Tauchbootgästen auf meinen Halbbruder angesprochen wurde, herrschte zwar keine Aufbruchstimmung wie vor der letzten Wahl, aber es war immer herauszuhören: Alle wollten lieber einen Kanzler Schröder, der an seiner Aufgabe gewachsen war, als einen zu lauten Radaubruder aus Bayern. Acker achtete diesmal akribisch darauf, keine zu unrealistischen Wahlversprechen abzugeben. Auch dies hatte er inzwischen gelernt – zum Glück!

Während Stoiber oft schwadronierte und sich in wüsten Beschimpfungen gegen Acker erging, blieb mein Halbbruder wohltuend auf dem Boden der Tatsachen. Er sprach nicht mehr von einem sonnigen Leben im deutschen Sonnenscheinland, sondern von den schwierigen Aufgaben, die es gemeinsam zu lösen galt. Dies kam bei der Bevölkerung nicht nur gut an, sondern schaffte vor allem Vertrauen. Er hatte es schon immer perfekt beherrscht, jede noch so kleine Schwäche seines Gegenkandidaten auszunutzen. Ganz genau analysierte er die Reaktionen der Wähler und setzte dann dort an, wo Stoiber eine Schwachstelle gezeigt hatte. Und er punktete!

Zuerst sah Stoiber trotz allem wie der sichere Sieger aus. Aber im Endspurt, kurz vor der Torlinie, hatte er die Rechnung ohne den instinktsicheren Mittelstürmer Acker gemacht. Obwohl der Ball schon weit entfernt war, kam Acker doch noch durch ungeheure Kraftanstrengung heran. Er hatte den Ball erreicht und setzte zum Torschuss an. Aber würde er das Tor auch treffen? Selbst Acker zweifelte an dem Gewinn der Wahl und gab sich keinen träumerischen Illusionen hin. Der Ausgang wurde nach den Prognosen immer ungewisser, es war keine klare Tendenz des Wählerverhaltens zu erkennen. Ich aber glaubte wieder an

Acker und wünschte ihm den Sieg. In meinen Augen hatte er aus der vergangenen, nicht gerade glänzenden Amtszeit erstaunlich viel gelernt, hatte also eine zweite Chance verdient.

Und dann war da noch diese verdammte Bruderliebe! Außerdem hoffte ich, dass seine Meinung zum Irak-Krieg ihm helfen würde, denn ich fand es absolut gut, dass er sich so klar gegen den Krieg ausgesprochen hat und gesagt hat, dass Deutschland sich an diesem Krieg auf gar keinen Fall beteiligen würde. Auch wenn ich von der großen Weltpolitik nicht viel verstehe, das finde ich bis heute richtig!

Völlig überraschend wurden wir von einigen Inselprominenten zu einer luxuriösen Wahlparty am Wahltag eingeladen. Gisela rief im Kanzleramt bei Ackers Sekretärin an und bat um ein übergroßes Autogrammposter, welches sie als Geschenk für den Gastgeber mit zur Wahlparty nehmen wollte.

Ich war unsicher, ob Acker diese Bitte so kurzfristig würde erfüllen können. Er steckte in den letzten Tagen des anstrengenden Wahlkampfes, dessen Ausgang immer noch völlig offen war. Wenn ich ihn im Fernsehen sah, bekam ich manchmal richtig Angst um ihn, da ihm die Anstrengungen so deutlich anzusehen waren. Doch auch ein Stimmungsumschwung war an seiner Miene abzulesen. Er glaubte wieder an sich selbst und seine Politik, und auch bei den Wählern setzte anscheinend ein Umdenken ein. Mit einer Energie, die beinahe unmenschlich schien, versuchte er die Wähler von seinen Konzepten zu überzeugen. Er gestand mutig Fehler ein und versuchte, politisches Solidaritätsgefühl zu wecken. Wieder schaffte er es in den letzten Tagen des Wahlkampfes, dass die Wähler ihn als Vertrauensperson akzeptierten und bereit waren, an ihn zu glauben. Ich war begeistert.

Die Medien belagerten auch mich, um meinen unbedeutenden Kommentar über den Wahlausgang, Ackers Chancen und meine politischen Ansichten zu erfahren. Als ob es irgendjemanden wirklich interessierte, was ich von mir gab! Aber ich wollte keinen Fehler machen, fühlte mich diesmal auch medienerfahren und hoffte, Acker vielleicht helfen zu können. Also röhrte ich in jedes Mikro, das mir vorgehalten wurde, und sprach zu jedem Stenoblock: Natürlich würde Acker die Wahl gewinnen. Es gäbe zu ihm und seiner Politik überhaupt keine echte Alternative, und schließlich sei der Aufschwung ja nun da. Außerdem sei es nicht zu übersehen, dass Acker aus seinen Fehlern gelernt habe und schon deswegen die Probleme richtig anpacken und lösen würde.

Inzwischen war aus Berlin ein überdimensional großes Autogramm eingetroffen. Okay, Ackers Handschrift war wie immer eine Sauklaue, das würde aber bei der Party keinen stören. Schließlich handelte es sich um ein persönliches Autogramm des jetzigen und zukünftigen deutschen Kanzlers. Gisela kaufte einen schönen Rahmen. Die nächsten Tage verbrachte sie damit, ihr Outfit für das große Fest zusammenzustellen. Wir wussten, dass bei der Wahlparty – sie fand in einem Penthouse, direkt gegenüber vom Feriensitz des spanischen Königspaares statt – nur die obere Schicht der deutschen Mallorca-Prominenz anwesend sein würde. Naiv dachte ich mir: Da werden wohl vorwiegend Anhänger von Acker sein, sonst hätte man mich, den Halbbruder des Kanzlers, bestimmt nicht eingeladen.

Bevor wir losfuhren, schauten wir noch etwas deutsches Fernsehen. Wir sahen Acker bei seiner Stimmabgabe ein Interview geben. Er verbreitete ungetrübte Siegesstimmung, aber war die auch echt? Gisela drängelte, sie freute sich auf die gehobene Wahlparty, und wir fuhren los. Dann standen wir vor einem beeindruckenden Gebäude und schauten ehrfürchtig von unten zu dem riesigen Penthouse hoch. Ein eigener Fahrstuhl für den Eigentümer führte dort hinauf.

Eng umklammert hielt Gisela das Geschenk für den Gastgeber – ein Autogramm von Acker. Sie war sich, ebenso wie ich, sicher: Wir würden ihm damit eine echte Freude machen. Es sollte aber alles ganz anders kommen!

DAS GROSSE BÜFETT UND EIN PINGUIN

Ein wenig mulmig war uns schon zumute, als wir uns in die enge gläserne Fahrstuhlkanzel gezwängt hatten. Der Fahrstuhl raste in einem irren Tempo nach oben, in Richtung Penthouse. Oben angekommen öffnet sich wie von Geisterhand die Tür zu einer riesigen Terrasse, die einen fantastischen Blick über das schimmernde Mittelmeer und die untergehende Sonne bot. Fackeln wie im alten Rom beleuchteten im Dämmerlicht die schon anwesenden Gäste.

Vor uns erschien ein Pinguin! Ein echter Butler, sicherlich aus England importiert, der die Gäste in Empfang nahm. So etwas waren Gisela und ich nun wirklich nicht gewöhnt. Mir fiel auf, dass auf seiner weiß geschminkten Stirn trotz der warmen Abendluft nicht ein einziger Schweißtropfen zu sehen war. Penibel betrachtete er die Einladungskarten und prüfte sie – insbesondere die unseren – länger als notwendig,

Scheinbar passten wir nicht in sein gesellschaftliches Weltbild. Wir waren ihm wohl nicht elegant genug. Meinen Gruß per Handschlag lehnte der Pinguin mit schockiertem Gesicht ab. Einem schlichten Arbeiter wir mir, ohne Rolex mit Brillanten am Handgelenk, die Hand zu geben – was für eine Zumutung. Mir war es egal, schließlich war er auch nur ein Mensch, wenn auch ein sehr überheblicher im Frack.

Wir sahen uns um und fanden die mallorcinisch-deutsche High Society versammelt: Immobilienmakler, Schauspieler, Sportler und so weiter. Natürlich waren es zumeist Deutsche, die auf der Insel lebten. Den Blickfang der Party bildete ein Büfett, angerichtet auf der Penthouse-Terrasse, in den deutschen Bundesfarben. Die verschiedensten Köstlichkeiten waren farblich akkurat angeordnet, der Bundesadler war aus fein gerollten Salamischeiben gestaltet, mit Sardinen umrandet. Für die Bundestagsabgeordneten wäre das garantiert eine erfreuliche Alternative zum Kantinenessen im Reichstag. Aber die lieben Abgeordneten saßen zitternd, wie wahrscheinlich Acker auch, zusammen und bangten um ihre hoch dotierten Bundestagsmandate.

Mir wurde ganz anders, und ich fragte Gisela: »Was meinst du, kommen wir mit unserem Geschenk hier wohl gut an? Glaubst du, das sind alles überzeugte Anhänger der SPD?« – »Die hätten uns doch sonst nicht eingeladen«, sagte Gisela voller Überzeugung. Also gingen wir mutig auf den Gastgeber zu, und ich führte eine artige Verbeugung aus. Fast hätte ich vor übertriebener Höflichkeit das Gleichgewicht verloren. Wie oft verkehren Gisela und ich schon in der gehobenen Gesellschaft? Selbst Acker möchte uns bei offiziellen Anlässen lieber nicht dabei haben, schließlich könnten wir ja etwas falsch machen, da wir die Etikette nicht beherrschten; das kann ich sogar verstehen.

Der Hausherr betrieb unter anderem ein deutschsprachiges Mallorca-Magazin, das wir jedoch nicht lasen. So war uns seine politische Einstellung zu diesem Zeitpunkt völlig unbekannt. Leider, muss man wohl sagen. Tapfer reichte ihm Gisela das Gastgeschenk. Das überdimensionale Foto zeigte meinen Bruder mit seinem berühmten »Ich-bin-unschuldig«-Lächeln. Der Hausherr betrachtete das Präsent ziemlich gequält. Ein solches Mitbringsel hatte er wohl nicht erwartet. Nach wenigen Sekunden war uns klar: Die einzigen SPD-Anhänger und -wähler auf dieser Party sind: Gisela und Lothar Vosseler! Willkommen im größten denkbaren Fettnapf des Abends!

Eigentlich war nun Rückzug, war Flucht angesagt. Aber da lockte das fantastische Büfett, und auch die prominenten Gäste sah man ja nicht alle Tage. Wir beschlossen also, die Party durchzuhalten, auch wenn ein Wahlsieg Ackers in dieser illustren Runde alles Mögliche auslösen würde, nur keine Begeisterungsstürme. Voller Hoffnung flüsterte mir Gisela ins Ohr: »Du, Lothar, vielleicht wird es gar nicht so schlimm! Wenn Acker die Wahl verliert, dann freuen sich zumindest alle hier.« So etwas wollte ich gar nicht hören. Ich hatte mich doch innerlich wieder mit Acker verbündet, er sollte gewinnen und abermals Kanzler werden, schließlich ging es wieder bergauf mit Deutschland. Die

Zahlen sprachen doch für ihn. »Nein, nein, Gisela«, erwiderte ich also, »da müssen die Millionäre jetzt durch!«

Plötzlich bemerkten wir, dass wir unsere Zigaretten vergessen hatten. Wo bekam man hier Zigaretten? Zigarren gab es natürlich, aber weder Gisela noch ich mögen Zigarren, selbst die aus Kuba nicht. Ganz tapfer beschloss ich, erst mal auf den Pinguin zuzugehen: Der musste ja schließlich wissen, wo man Zigaretten bekommen konnte. Der Butler stand nach wie vor hochgereckt und steif beim Fahrstuhl. Er bewegte sich nicht einen Millimeter und erinnerte so an die Wachsoldaten vor dem Buckingham-Palast. Ich näherte mich ihm und fragte sehr höflich: »Entschuldigen Sie, können Sie mir sagen, wo man hier Zigaretten bekommt?« Seine Antwort war präzise: »Fahren Sie doch mit dem Fahrstuhl runter und nehmen Sie das Auto – bis zum nächsten Ort, dort gibt es eine Tapas-Bar!« Na toll! Sehe ich etwa aus wie Michael Schumacher?

Ich beschloss, die Wahlprognosen abzuwarten. Das konnte nicht mehr allzulange dauern, und dann hätten wir diesen ganzen Zirkus hinter uns. Das würden wir auch ohne Zigaretten überstehen. Gisela hatte sich derweil ans Büfett begeben und hackte gerade mit Freude auf die bunte Salamitorte, direkt neben dem Bundesadler, ein. Wie schon das Büfett bewies, war es eine ausgesprochen patriotische Feier, es fehlten nur noch die Trachtenkapelle aus Garmisch und der Maibaum auf der Terrasse! Vor Aufregung und Spannung kriegte ich keinen Bissen des Deutschlandbüfetts herunter. Auch ich liebe meine Heimat. Aber dieser übertriebene Patriotismus – oder Nationalismus? – der reichen deutschen Steuerflüchtlinge, die die meiste Zeit des Jahres im sonnigen Süden lebten, befremdete mich doch.

Das Fernsehen sendete die ersten Wahlprognosen. Auf einer großen Leinwand verfolgten wir den Zwischenstand. Ausrufe der Enttäuschung wurden um uns herum laut, nur ich konnte meine Freude kaum zurückhalten: Acker liegt vor Stoiber! Wahnsinn! Nur ganz knapp! Schafft er es noch auf der Ziellinie? Gisela war nach wie vor mit der Salamitorte beschäftigt, während ich wie gebannt auf den Bildschirm starrte. Die nächste Hochrechnung. Es sah sogar noch enger aus, ein spannendes Rennen. Mein Herz klopfte wie verrückt. Gisela hatte sich zu mir gesellt und mir ein frisch gezapftes Bier gereicht. Immer noch keine präzise Prognose! Ich stellte mir meinen Halbbruder vor, wie er nervös an seiner Zigarre nuckelte, vielleicht einen Rotwein trank und sich immer wieder mit der Hand durch das Haar strich. Sicher diskutierte er aufgeregt mit seinen engsten Vertrauten, mit Doris und Müntefering, über den Ausgang. Nach außen hin gab er sich natürlich gelassen, Acker ist eben ein Schauspieler und lässt sich nur sehr ungern in seine Seele schauen.

Bei den anderen Gästen der Wahlparty hatte sich inzwischen wieder Optimismus breitgemacht. Mit Stoiber wurden goldene Zeiten erwartet, ein Wirtschaftsaufschwung, wie ihn Deutschland seit dem Wirtschaftswunder nicht mehr erlebt hatte. Es wurde schwadroniert wie im Münchner Hofbräuhaus. Gekühlte Gläser waren bereitgestellt, und der Pinguin köpfte bereits die ersten Schampusflaschen für Stoibers Sieg. Gisela und ich hatten uns als Vorsichtsmaßnahme in eine Nische zurückgezogen. Warum mussten wir Ackers Wahlsieg ausgerechnet in dieser Runde erleben? Ein völlig absurder Ort, wenn wir das doch vorher gewusst hätten! Doch jetzt war es zu spät, ich würde meinen Halbbruder trotzdem stolz vertreten. Wo viel Feind, da viel Ehr'! Dann erklang die entscheidende Stimme von der Leinwand. Man hätte eine Stecknadel fallen hören können, selbst auf dem dicken Teppich, der stilvoll die gesamte Terrasse überzog. Endlich erklärte man Ackers knappen, sehr knappen Wahlsieg. Ein Raunen ging durch die Menge, wütende Stimmen wurden laut. Den anderen Gästen stand die Enttäuschung ins Gesicht geschrieben.

Innerlich genossen wir den Wahlsieg sehr, ließen uns jedoch aus Höflichkeit nicht allzu viel anmerken. Auch fühlten wir uns verpflichtet, vor dem Gehen noch zumindest dem Gastgeber unser Beileid auszusprechen. Ich versuchte ein paar tröstende

Worte zu finden: »Vier Jahre gehen so schnell vorbei, und es gab ja auch Kanzler, die schon vor Ablauf der Amtszeit zurückgetreten sind. Also immer positiv denken, alles hat seinen Sinn!« Ein kalter Blick war die Antwort, also zog ich Gisela schnell weiter, in Richtung Aufzug. Der Pinguin, der immer noch am Fahrstuhleingang stand, musterte uns mit einem Blick, der auszudrücken schien: »Euer Kanzlerbruder ist schuld, wenn mich bald keiner mehr bezahlen kann, weil alle wegen der hohen Besteuerung Konkurs gehen!«

Ich dachte voller Sehnsucht an ein letztes Bier in unserer urigen, völlig normalen Stammkneipe in der Nähe von Palma. Vielleicht trafen wir dort ja Menschen, die sich gemeinsam mit uns über die Wiederwahl Ackers freuten. Gerade als wir den Fahrstuhl betraten und vor Erleichterung tief durchatmeten, sahen wir aus den Augenwinkeln, wie das gerahmte Autogramm des Kanzlers in hohem Bogen über die Balustrade der Terrasse flog. Noch einmal sahen wir Ackers Unschuldslächeln, dann verschwand er in der Dunkelheit. Giselas Kommentar war trocken und nicht ohne Situationskomik: »Wie nett, dass sie gewartet haben, bis wir gehen!«

ADIOS, MALLORCA!

Während der Fahrt in Richtung Palma dachte ich an Acker. Wie gerne hätte ich ihm zu seiner zweiten Chance gratuliert! In der Stammkneipe schmeckte mir das Bier so gut wie selten. Was sollte Schlimmes passieren? Wenn Acker mit seiner Politik nun endlich Erfolg haben würde, war ja auch meine Zukunft relativ gesichert. Ich ging weiter meiner Arbeit nach und fühlte mich mit Gisela sehr wohl. Die meisten Gäste des Tauchbootes waren ebenso wie ich wieder etwas positiver eingestellt. Die Wirtschaft schien knapp die Kurve zu kriegen, das Konjunkturbarometer zeigte wieder ein wenig nach oben. Wollte oder konnte ich die Wolken am Horizont nicht sehen? Innerhalb von wenigen Monaten änderte sich die Stimmung. Der kurze Aufschwung war ein heller, aber schnell verschwindender Lichtstreifen am Horizont gewesen. Denn eigentlich war es nach der Wahl genauso wie vor der Wahl – es wurde nichts besser, im Gegenteil, es kam noch schlimmer. So schlimm, wie es sich keiner hatte vorstellen können, nicht einmal die Opposition! Die Arbeitslosenzahlen stiegen, und ich saß nach dem Dienst vor dem Fernseher und dachte nur eins: Acker, tritt zurück! Tu dir das doch nicht an! Vielleicht kann ein anderer die Chose retten? Natürlich trat er nicht zurück, das hätte sein Ego niemals vertragen. Er saß nun nicht mehr auf dem Sessel des Kanzlers, er klebte an ihm. Es ging nur noch um Machterhalt. Der Gestaltungswille war, jedenfalls aus meiner Sicht, vollkommen erloschen.

Die Wirtschaftsflaute wirkte sich natürlich auch auf den Tourismus aus. Auch um meinen Job musste ich bangen. Eines schönen Tages war es dann so weit, der Inhaber des Tauchbootes bestellte mich zu sich. Mit freundlichen Worten sagte er zu mir: »Herr Vosseler, ich kann Sie mir nicht mehr leisten. Werbung zu betreiben, bedeutet für mich, viel Geld zu investieren. Aber die Touristen kommen nicht mehr. Die haben mittlerweile einen Igel in der Tasche.« – »Und warum haben sie einen Igel in der Tasche?«, fragte ich, schon ahnend, wie seine Antwort lauten würde. »Tja, Herr Vosseler, da fragen Sie mal Ihren Halbbruder! Die Tourismusbranche leidet unter der Konsumflaute. Und natürlich wird zuerst an Ausgaben gespart wie Tauchbootexkursionen, braucht ja zugegeben auch kein Mensch im Urlaub!«

Mein Chef behandelte mich fair. Ich konnte noch einen Monat bei ihm arbeiten, und in dieser Zeit packten wir unsere Sachen. Zwar bot man mir noch einen Job als »Werbekellner« in einer Hafenkneipe an, aber von dem Gehalt hätte ich weder Wohnung noch Lebensunterhalt bestreiten können. Der Kneipenbesitzer hatte sich wohl gedacht: »Der Vosseler ohne Job, der nimmt alles! Ich habe dann für ein Taschengeld nicht nur einen Werbeträger, sondern gleichzeitig einen Kellner, den ich scheuchen kann.« Das angebotene Entgelt lag klar unter dem

Existenzminimum, und der Job war eine glatte Zumutung. Ich hätte mich vielleicht sogar an der fahrlässigen Lebensmittelvergiftung armer Touristen mitschuldig gemacht. Bei aller Not und Arbeitswut, darauf konnte und musste ich verzichten.

Also packten wir weiter, hektisch bemüht, in Deutschland eine finanzierbare Wohnung zu finden. Wir hatten Glück im Unglück und fanden ein Dach über dem Kopf. Unser Kleinwagen war total überladen. Traurig und voller Zukunftsangst verließen wir Mallorca!

Es ging wieder zurück nach Deutschland. Zurück nach Detmold. Was erwartete uns dort? Sicher kein Job für mich, im Gegenteil, mein geliebtes Arbeitsamt, inklusive dem Sachbearbeiter mit der Pastorenstimme. Vor allem aber, wie würde die geliebte Presse die News aufnehmen, dass der Kanzlerhalbbruder sich schon wieder in die Armee der Arbeitslosen einreihte?

BONJOUR, TRISTESSE!

Detmold hieß: Arbeitslosigkeit, Arbeitslosigkeit und nochmals Arbeitslosigkeit. Denn welche Chancen hatte ich in meinem Alter noch? Keine. Sollte ich vielleicht Acker bitten, mir einen Billigjob im Bundeskanzleramt zu verschaffen? Als Aktenträger etwa? Solche kruden Gedanken kamen immer häufiger in mir auf. Ich wollte, ich musste einen sicheren Job finden. Aber gab es überhaupt noch sichere, krisenfeste Jobs? Eigentlich war doch die ganze deutsche Wirtschaft eine einzige Krise, und was für eine!

Es war keine gute Idee, sich an Acker zu wenden, zumal ich ohnehin kaum noch Kontakt zu meinem Halbbruder hatte. Mittlerweile gab es keinen Zweifel mehr: Acker hat sein, ich habe mein Leben, und zwischen diesen beiden Leben existierte kein Bindeglied mehr, außer den Familienfeiern – nicht einmal die gemeinsam verbrachte Kindheit schmiedete uns zusammen.

Bei Familienfeiern dagegen musste die Vosseler-Schröder-Sippe ja schon wegen der Öffentlichkeit eine feste und verschworene Gemeinschaft abgeben. Schon damit es nicht hieß: Bei der Familie des Kanzlers ist der Wurm drin. Dabei handelte es sich inzwischen doch schon um eine Wurmzucht!

Acker hätte gar nicht viel tun müssen, um das zu verändern. Ich hätte jedes Zeichen von ihm dankbar angenommen. Einige Anrufe und das eine oder andere gemeinsame Bier, vielleicht einige gute Tipps: Die Familie und wir Geschwister wären sicher wieder zusammengewachsen. Aber es änderte sich nichts. Die Presse hatte erneut ein schönes Thema: Lothar Vosseler, der Kanzlerhalbbruder, ist wieder auf Arbeitssuche, doch keiner will ihn haben. Solche Reportagen vernichteten mich, ohne dass ich mich dagegen wehren konnte. Inzwischen besuchte ich wieder täglich meine Freunde im Park. Die Eichhörnchen, Bäume und Vögel schienen sich an mich zu erinnern. Auch das war nicht gerade tröstlich.

Zu Hause konnte ich die ohnmächtige Wut Giselas über unsere Lage nicht mehr ertragen, und schließlich war ich, das Familienoberhaupt, ja dafür verantwortlich, dass es meiner Frau gut ging. Sie wurde krank, und ich hätte alles gegeben, um sie zur Kur oder zu einem Privatarzt schicken zu können. Aber ich hatte das Geld nicht. Erneute Beschimpfungen einiger Detmolder überraschten mich nicht mehr. Man hieß mich als »Wutventil« herzlich willkommen. Ich war verzweifelt und entwickelte einen ausgeprägten Riecher dafür, wenn sich ein Medienvertreter meiner Person nähern wollte. Natürlich gibt es auch nette Journalisten, aber den meisten, die ich traf, ging es nur um die Story. Und ich traf viele, schließlich war ich, ohne es zu wollen, einer der prominentesten Arbeitslosen Deutschlands.

Aber die Medienberichte hatten anscheinend auch etwas Gutes. Zudem hatte sich ein Bekannter, den ich auf Mallorca kennen gelernt hatte, für mich eingesetzt, und so geschah erneut ein Wunder. Ich bekam ein neues Jobangebot als Haustechniker in einer Badetherme. Ich dachte mir: Das ist besser als nichts, und handwerklich begabt bist du ja. Also sagte ich zu. Natürlich war es kein normaler Haustechnikerjob.

Ich agierte als eine Art Eintänzer in der Badeanstalt. Eigentlich war es eine Art Tempel für die Gesundheit. Es gab dort einen großen Pool, Rutschen für die Kinder, Sauna und auch Massagen wurden angeboten. Dass ich natürlich auch die PR-Rolle übernehmen und die Medien auf diesen Badetempel aufmerksam machen sollte, war mir klar. Aber es war egal, Hauptsache Arbeit, selbst wenn ich im Tauchanzug die Fliesen unter Wasser hätte schrubben müssen! Ansprüche an eine Arbeit stellte ich schon lange nicht mehr. Hauptsache, ich verdiente unseren Lebensunterhalt und man war mit meiner beruflichen Leistung zufrieden. Das war aber leichter gesagt als getan. Ich hatte keine Ausbildung zum Bademeister, und die Technik war so computergesteuert, dass man einen echten Experten dafür brauchte. Also schwang ich voll Begeisterung die Putzlappen, wienerte die Fliesen und Kacheln und war Mädchen für alles, vor allem für die PR. Ich brachte den Saunagästen ihre Handtücher, und im Prinzip war ich das, was ich auch auf Mallorca gewesen war, eine Kuriosität, diesmal nur in einem Badetempel. Ich überlegte manchmal, Acker eine Freikarte zu schicken, damit er begriff, wozu sein kleiner Bruder bereit war, um wenigstens irgendeine Arbeit ausführen zu dürfen. Doch sicher wären die zahlreichen Bodyguards meines Bruders bei einem solchen Ausflug hinderlich. Ich machte gute Miene zum bösen Spiel, weil es für mich keine andere Möglichkeit gab. Ich hatte eine Arbeit, nur das zählte.

Der Job bedeutete Tag für Tag Tristesse, und ich merkte bald, dass mein Chef mich auf dem Kieker hatte. Ich sah es seinen Blicken an, wie er dachte: Wenn ich durch diesen Vosseler nicht mehr Geld reinbekomme, werfe ich ihn wieder raus! Diese unausgesprochene Drohung hing wie ein Damoklesschwert über mir und trieb mich zu Höchstleistungen an. Ich habe wirklich versucht, die Leute zufrieden zu stellen. Ich wienerte intensiv die Fliesen, hantierte unermüdlich mit dem Schrubber und gönnte mir keine Pause. Ich habe alles gemacht, damit die Leute sagen: »Der Vosseler kann ja arbeiten! Der kann nicht nur dumm rumstehen und den Halbbruder des Kanzlers markieren!« Genutzt hat es nichts.

Ich hatte einen Vertrag für sechs Monate. Diese Probezeit wollte ich unbedingt durchziehen und hoffte sehr auf eine Vertragsverlängerung, aber es gab natürlich keine. Die Erklärung dafür lautete: »Der Sommer ist so schön, Herr Vosseler, sehen Sie, wie draußen die Sonne lacht, da kommen weniger Badegäste. Sie werden doch einsehen, dass ich mir Ihr Gehalt nicht leisten kann.«

Diesen Satz kannte ich schon von Mallorca. Ich war also wieder einmal arbeitslos. Allerdings hatte die Kündigung in Detmold gegenüber der Kündigung auf Mallorca einen Vorteil: Wenigstens mussten wir nicht packen. Also wieder Arbeitsamt, wieder Formulare. Also Wiederholung des so oft Wiederholten. Und da soll ein Mensch nicht verzweifeln? Nicht mit der Faust auf den Tisch hauen? Dann passierte etwas, was ich bis heute nicht verstehe und was mich seitdem fast tagtäglich beschäftigt.

LOTHAR IN ACKERS WELT

Acker steckte in seiner zweiten Amtszeit als Bundeskanzler, und ich hatte in Berlin etwas zu erledigen. Mein Aufenthalt in der Hauptstadt kreuzte sich genau mit seinem 59. Geburtstag am 7. April 2003. Ich beschloss also zu versuchen, Acker zu überraschen. Natürlich war mir klar, dass es einfacher ist, den Inhalt eines Überraschungseis zu erraten, als ohne Anmeldung oder Einladung beim Bundeskanzler vorgelassen zu werden oder ihn überhaupt in der Machtzentrale, dem Bundeskanzleramt, anzutreffen. Aber wer nicht wagt, der nicht gewinnt. Nach dem Termin, dem eigentlichen Grund meiner Reise, machte ich mich mit der U-Bahn voller Erwartung und Vorfreude auf den Weg zum Bundeskanzleramt. Ich mag Berlin und fühle mich dort immer wohl. Bei jedem Besuch genieße ich das Weltstadtflair.

Berlin und Detmold, einen größeren Unterschied kann man sich kaum vorstellen. Obwohl, jede Stadt hat Vor- und Nachteile. Die Hauptstadt ist für mich auch ein wenig beängstigend, ein riesiger, sich fast täglich verändernder Stadtdschungel, voller Exotik und unbekannter Dinge. Ich stieg früher als nötig aus der U-Bahn und wanderte zu Fuß zum Kanzleramt. Meine Nervosität steigerte sich von Minute zu Minute. Viele Touristen standen auf dem Platz vor dem Kanzleramt und fotografierten. Das deutsche Machtzentrum übt eine echte Faszination auf die Menschen aus, ebenso wie der Reichstag.

Ich hoffte, Acker wäre im Amt, nicht etwa auf Reisen oder anderweitig verhindert. Telefonisch anmelden wollte ich mich nicht, es wäre sonst ja keine Überraschung geworden. Ich hatte in den letzten Tagen aufmerksam die Presse verfolgt, und da stand keine Zeile darüber drin, dass Acker an seinem Geburtstag nicht in Berlin wäre. Es war ein normaler Wochentag, ein Montag, also würde er wegen seines Geburtstages auch nicht nach Hannover zu seiner Familie fliegen. So gesehen standen meine Chancen also gar nicht so schlecht, ihn im Kanzleramt anzutreffen. Eine andere Frage war natürlich, ob er sich überhaupt über meinen Besuch freuen oder mein plötzliches Erscheinen als aufdringlich werten würde. Aber dieses Risiko wollte und musste ich eingehen.

Ich hatte das Bundeskanzleramt, Ackers Amtssitz, bis jetzt nur im Fernsehen gesehen und war nun sehr gespannt darauf, wie mein Halbbruder als Kanzler residierte und lebte. Vor meinem geistigen Auge hatte ich unzählige Male die Einrichtung seines Büros, die Möbel in seiner Amtswohnung und das gesamte Kanzleramt von innen gesehen. Aber Realität und Gedanken sind ja fast nie identisch, also stieg meine Anspannung, je näher ich dem Kanzleramt kam.

Fast schon mit zitternden Knien ging ich auf das riesige Gebäude zu. Natürlich wusste ich, dass das Kanzleramt noch von seinem Vorgänger, Helmut Kohl, in Auftrag gegeben worden war. Dieses riesige Bauwerk erinnerte mich an einen luxuriösen, sehr modernen Plattenbau. Sehr kompakt, verschachtelt und eine abgeschottete Einheit. Das Gebäude glich einer unbezwingbaren Festung, in der Menschen arbeiteten oder wie Acker sogar wohnten. Der Zaun um das Bundeskanzleramt war so hoch, so unüberwindlich, wie ich ihn mir vorgestellt hatte. Der Platz vor dem Gebäude war ebenso beeindruckend und großflächig wie der ganze Bau. Ein Springbrunnen sollte wohl etwas Natur darstellen, aber es fehlten Bäume und Pflanzen, alles wirkte auf mich sehr nüchtern. Ich stand eine Weile fast andächtig vor dem Gebäude, malte mir in Gedanken aus, hinter welchem der unzähligen Fenster Acker wohl sein Büro haben und wie es da drinnen zugehen würde. Sicher war es eine eigene Welt für sich.

Zuerst fand ich den Eingang nicht. Es führte kein Tor durch den Zaun direkt vor dem Gebäude, und es waren auch keine Wache stehenden Polizisten zu sehen. Überhaupt sah man auf dem Vorhof keine Menschen, aber auch nicht hinter den Fenstern des Gebäudes. Schließlich erkannte ich, dass man einen seitlichen Weg nehmen musste, bis man vor einem großen Polizeicontainer stand. Dort gab es einen Eingang zum Gebäudeportal, der aber durch viel Polizeipersonal und andere Sicherheitsmaßnahmen gesichert wurde. Ich bemerkte die unzähligen Überwachungskameras, die einen riesigen Teil des Geländes und des Kanzleramtes immer im Visier hatten, jede Kleinigkeit sofort erfassten. Der Container, die Eingangskontrollstelle, war sehr geräumig, und überall wimmelte es von patrouillierenden Polizisten. Die Besucher wurden im Container registriert, peinlich genau überprüft, ihre Ausweise akribisch betrachtet und Informationen über sie eingeholt. Laufend wurde mit Mitarbeitern des Kanzleramtes telefoniert. Mit mir gab es, wie hätte es auch anders sein können, gleich ein Problem.

Ich hatte einem Polizisten wie selbstverständlich erklärt, dass ich der Halbbruder des Kanzlers sei und diesen zu seinem Geburtstag überraschend besuchen wolle. Die Blicke der Polizisten waren klar und deutlich: Dass soll der Halbbruder des Kanzlers sein? Sehen sich ja kaum ähnlich. Und überhaupt, dieser seltsame Vogel schneit hier einfach so rein und will zum Kanzler. Wenn der ihn hier im Kanzleramt haben wollte, wäre er doch von einer Limousine abgeholt und direkt vor das Portal gefahren worden.

Man hielt mich für einen Betrüger, einen Spinner, einen Irren, der sich aufgrund falscher Angaben zum Kanzler schleichen wollte. Und dann erst mein Ausweis! Als Familienname war dort natürlich nicht Schröder, sondern Vosseler eingetragen. Das war noch ein Indiz dafür, dass ich nicht die Wahrheit sagte. Ich versuchte ruhig zu bleiben, mich nicht aufzuregen. Wenn ich nicht als Kanzlerhalbbruder erkannt werden wollte, passierte mir das garantiert. Nun, wenn es mir vielleicht geholfen hätte, erkannte mich keiner.

Es blieb mir keine andere Wahl. Ich nannte dem Polizisten den Namen von Ackers Sekretärin und bat ihn, mit dieser doch ein kurzes Telefonat zu führen, dann würde sich die Situation sofort klären. Allein dass ich den Namen der Sekretärin kannte, sogar ihre Telefonnummer bei mir hatte, entspannte die Situation gewaltig. Die Beamten wurden sofort eine Spur höflicher, wirkten nun sehr dienstbeflissen, aber noch immer etwas misstrauisch. Ich konnte sie sogar verstehen, schließlich waren sie für die Sicherheit verantwortlich und hatten täglich bestimmt genug Verrückte vor sich, die ihnen auf die Nerven gingen und die absurdesten Geschichten erzählten.

Man telefonierte mit der Sekretärin. Leider war Acker nicht im Bundeskanzleramt, aber die Sekretärin bot mir an, dass ich mir sein Büro, seine Dienstwohnung und einen kleinen Teil des Kanzleramtes ansehen dürfe, und einen Kaffee gäbe es dann auch noch. Das war zwar nicht ganz das, was ich erhofft hatte, aber zumindest konnte ich einen kurzen Blick in die Welt meines Bruders werfen. Ich musste am Polizeicontainer warten, bis mich jemand abholen würde.

Nach wenigen Minuten befand ich mich auf dem Weg ins Heiligtum der deutschen Politik. Das Gelände um das Kanzleramt war weitaus größer, als ich gedacht hatte, und auch das Gebäude erstreckte sich noch weit in das hintere Grundstück hinein, was man von außen nicht sehen konnte. Es war ein mächtiger und imposanter Bau.

Dann betrat ich durch eine Art Portal das Innere des Kanzleramtes. Ich stand in einer wirklich riesigen Halle. Alles war pompös, glänzte vor Sauberkeit, und als normaler Mensch kam man sich fast verloren vor in diesem riesigen Palast. Überall geschäftige Personen, die in reger Betriebsamkeit die Halle durchquerten und wohl wichtig waren für den reibungslosen Tagesablauf und die Amtsgeschäfte. Ich war total erschlagen von all den Eindrücken.

Die Sekretärin erwartete mich in der Halle. Mit ihr hatte ich schon einige Male telefoniert, und immer, wenn ich Acker dringend aus familiären oder sonstigen Gründen erreichen musste, hatte sie für eine schnelle Übermittlung der Nachrichten gesorgt. Auch sonst war sie sehr hilfsbereit. Sie bemerkte meine kaum zu übersehende Aufregung und beruhigte mich. Ich denke, Acker hat mit dieser Frau eine loyale, sehr aufmerksame und fleißige Sekretärin, auf die er sich verlassen kann.

Wie in Trance schritt ich durch die Halle. Ich erwachte eigentlich erst aus diesem Zustand, als ich im Vorzimmer zu Ackers Büro stand. Ein herrlich duftender Kaffee richtete mich wieder auf. Im Vorzimmer klingelten fast unentwegt die vielen Telefone, und ich weiß bis heute nicht, wie man bei einem solchen Stress als Sekretärin den Überblick bewahrt und die nötige innere Ruhe behält. Das Vorzimmer war sehr funktionell eingerichtet: keine überflüssigen Dinge, kein Luxus, sondern eben ein hoch technisierter Arbeitsbereich, der ohne jede Panne funktionieren musste. Es gab einige Büros, in denen Sekretärinnen für Acker tätig waren, und ich hätte zu gern gefragt, welche Staatsoberhäupter wohl schon durch diese Räume gegangen waren, aber ich verkniff mir die Frage.

Dann führte mich Ackers Sekretärin in dessen Büro. Es war riesengroß. Der ganze Raum lag im Tageslicht, wirkte dadurch freundlich und einladend. Ein Schreibtisch, der fast Flugzeugträgerausmaße hatte, füllte einen Großteil des Raumes. Eine große Skulptur von Willy Brandt stand als Blickfang in der Nähe des Schreibtisches. Einige Telefone und andere Dinge, wie lederne Schreibmappen, Terminkalender, diverse Kugelschreiber und auch Füllfederhalter, waren auf dem Schreibtisch verteilt, alles aber geordnet und immer griffbreit, ohne dass man hätte danach suchen müssen. Natürlich standen auf dem Schreibtisch auch Fotos von Doris, in außergewöhnlich schönen Rahmen.

An der anderen Wand des Büros befand sich eine lederne Sitzgruppe mit einem Rauchtisch. Wahrscheinlich führte Acker hier Vieraugengespräche mit seinen Ministern, vielleicht sogar mit Staatsgästen wie Wladimir Putin. Ein dicker Teppich bedeckte den Fußboden, dämpfte fast jedes Geräusch. Überhaupt fiel mir die Ruhe auf, die in diesem Teil des Kanzleramtes herrschte. Was mir sofort ins Auge sprang, war der herrliche Ausblick durch die großen Fensterfronten auf den Spreebogen. So muss sich ein Adler in seinem Nest fühlen! Ich konnte mich kaum von dem Ausblick losreißen, aber natürlich war ich nun neugierig darauf, auch die anderen Räume zu sehen. In meiner Fantasie hatte ich mir das Büro meines Halbbruders weitaus luxuriöser und pompöser vorgestellt.

Das nächste Zimmer gehörte zu Ackers Dienstwohnung. Man erreichte diesen sehr großen Raum durch eine Durchgangstür vom Büro aus. Fast das gesamte Zimmer wurde von einem riesigen Esstisch und den dazugehörigen zwölf Stühlen gefüllt. Hier fanden Arbeitsessen mit anderen Staatsoberhäuptern, mit auswärtigen Ministern und auch geheime Besprechungen statt. Die Möbelstücke waren alle elegant, sehr stillvoll, aber wieder nicht verschwenderisch. Auch hier war der Fußboden von einem dicken Teppich bedeckt. Was mir nun auffiel, war, dass sich an den Wänden keine Tapeten befanden, sondern diese nur geputzt und gestrichen waren, schlicht und einfach mit weißer

Farbe. Der Ausblick ging auch zum Spreebogen und war fantastisch, genauso wie im Büro. Vom Esszimmer ging eine Tür zu einem nicht sehr großen Badezimmer. Alles sehr funktionell und zweckmäßig. Ich hatte mir das alles wirklich ganz anders ausgemalt. Es war zwar bestimmt keine Studentenbude, aber auch keine Präsidentensuite.

Eine weitere Tür führte vom Ess- und Besprechungszimmer ins Schlafzimmer von Acker. Auch dieses war nicht sehr groß, aber ebenfalls mit einer schönen und großen Fensterfront versehen, die einen herrlichen Ausblick auf den Spreebogen bot. Ein Fernseher, ein Kleiderschrank, ein französisches Bett, mehr stand nicht in diesem Kanzlerschlafzimmer.

Alles in allem schätzte ich die Gesamtwohnfläche der Dienstwohnung auf hundert Quadratmeter. Das Büro hatte maximal fünfzig Quadratmeter. Acker schläft dort sicher nicht sehr häufig, er ist oft unterwegs, und wann immer es geht, wird er sicher in seinem Haus in Hannover sein. Ich hatte hier eine sehr schlichte Eleganz vorgefunden. Von abgehobenem Politikerluxus keine Spur. Wohltuend normal, ich freute mich darüber. Zwar ist das Kanzleramt ansonsten wirklich ein Hochsicherheitsbunker mit Fünf-Sterne-Hotel-Status, aber mein Halbbruder hat – zumindest was den Komfort betrifft – nicht vergessen, dass ein großes und außergewöhnlich extravagantes Büro nicht für erfolgreiche Politik stehen muss.

Langsam schlenderte ich, wieder in Begleitung der Sekretärin, die Gänge des Kanzleramtes entlang. So bekam ich teilweise mit, wie hart in den Büros des Kanzleramtes geschuftet wird. Das Machtzentrum des Bundeskanzlers ist eine Politik- und Diplomatiewerkstatt mit vierundzwanzigstündiger Öffnungszeit, und es gibt viele Dinge, die dort erledigt werden, von denen der Normalbürger nichts erfährt. Jede Kanzlerauslandsreise, jeder Staatsbesuch, jede Kanzlerrede und jede Wirtschaftsdebatte wird hier vorbereitet und ausgewertet, jeder Krisenherd auf der Welt wird hier zur Kenntnis genommen, und es werden die entsprechenden Schlussfolgerungen gezogen. Der Kanzler kann ohne einen ausgewählten, engagierten Mitarbeiterstab, der ihm zuarbeitet und Informationen liefert, nicht regieren.

Als ich das Gelände des Kanzleramtes verließ, dachte ich an die Legende, dass Acker, um seinen Machtanspruch anzuzeigen, früher einmal am Zaun des Kanzleramtes gerüttelt haben soll. Wenn diese Legende stimmt, hätte er dies auch getan, wenn er gewusst hätte, was auf ihn zukommt, welche persönlichen Opfer ein Kanzler erbringen muss? Wegen des Büros und der Dienstwohnung in diesem Machtzentrum hätte er dies bestimmt nicht getan. Vielleicht ist das Gefühl der absoluten Macht in einem solchen Gebäude so groß, dass die Menschen, die damit in Berührung kommen, davon nicht mehr lassen können und um jeden Preis um eine einmal erreichte Position im Machtzentrum kämpfen. Karriere und politischer Erfolg werden wichtiger als das kleine, greifbare und nicht so bittere Glück. Ich jedenfalls durfte für kurze Augenblicke einen Blick in die politische Welt meines Halbbruders werfen und möchte nie mit ihm tauschen, nicht nur wegen der unspektakulären Dienstwohnung. Die meisten Personen, denen ich im Kanzleramt begegnete, leben für viele Stunden, Tage, Wochen und Monate ihres Lebens unter einem Erfolgsdruck, der nur in den Führungsetagen der freien Wirtschaft ähnlich sein kann. Okay, viele Politiker ziehen aus der Machtfülle ihrer Ämter nicht nur Kraft, sondern auch enormen persönlichen Profit, aber sind sie dabei glücklich?

Ich stand dann noch einmal vor dem Zaun des Bundeskanzleramtes. Gern hätte ich mit Acker einige persönliche Worte gewechselt, ihm zum Geburtstag gratuliert, aber das sollte eben nicht sein.

Wenn ich es mir mit zeitlichem Abstand überlege, wirkte das Kanzleramt auf mich wie ein Politikercontainer, ein Dschungelcamp aus Beton mitten in Berlin. Auch hier kann man hinausgewählt werden, wenn die Wähler einen nicht mehr wollen, und überall lauern Intrigen und Gefahren. Wer sich in Gefahr begibt, kommt oft darin um. Politiker scheinen gegen diese Erkenntnis immun zu sein, warum sonst streben sie immer wieder mit aller Kraft nach Macht und politischem Einfluss, wissend, dass an jeder Ecke der Feind wartet oder die nächste politische Niederlage.

Was den Lebensstandard im Bundeskanzleramt betrifft, bin ich stolz auf meinen Halbbruder. Ich wünsche mir nur, dass sich Acker nicht in Machtgefühle verliert und sich im Kanzleramt öfter einmal umschaut. Ich habe dort Menschen gesehen, die aus purer Überzeugung und ohne Machtstreben für unser Land arbeiten. Und die vielleicht von Acker eine Chance bekommen sollten, wie sie Acker damals bekam – und verdient hatte.

5. KAPITEL

Das Jahr 2004

DER 60. GEBURTSTAG

Acker feierte im April 2004 seinen 60. Geburtstag. Dass es wahrscheinlich keine gemeinsame Feier in seinem Haus in Hannover geben würde, war mir klar. Die politische Situation hatte sich, ebenso wie die wirtschaftliche, weiter verschlechtert, und da gehört es sich eben nicht für den Kanzler, ein feuchtfröhliches, großes Geburtstagsfest zu geben. Es könnte ja der falsche Eindruck erweckt werden, etwa: Die da oben feiern Feste und kümmern sich nicht um das Schicksal der Arbeitslosen, Sozialhilfeempfänger und sonstigen Verzweifelten. Also war mir klar, außer meiner Mutter, vielleicht meiner Schwester, die mit meiner Mutter zusammenlebte, würde kein weiteres Familienmitglied an dieser Feier im unbekannten Schröderhaus in Hannover teilnehmen.

Gut, es sickerte durch, dass auch der russische Präsident Putin bei der Feier anwesend sein würde, aber das war natürlich ein ganz anderes Kaliber als ich, der kleine Halbbruder. Dies verstand ich alles noch irgendwie, doch freute ich mich nur bedingt für Acker, dass er diesen runden Geburtstag nicht im Familienkreis feiern konnte, sondern mit Staatsmännern und Politikern. Für mich jedenfalls wäre die Familie immer wichtiger gewesen, aber das hohe Amt verlangt eben auch solche Opfer. Etwas anderes konnte ich mir nicht vorstellen. Ich kannte doch Acker, und in mir keimte immer noch die Hoffnung, Acker müsse dem Amt eben Tribut zollen, deshalb vermied er Treffen mit der Familie. Und ehrlich, die Familie hätte bei einem solch hochkarätigen Anlass vielleicht auch nicht gepasst.

Ich erfuhr, wer alles zu diesem Fest Einladungen erhalten hatte. Gerhards enge Verbundenheit zu seinen Wurzeln, zu seiner Kindheit, wollte man vor versammelten Medien präsentieren und damit Pluspunkte für den angeschlagenen Kanzler sammeln. Eine Abordnung unseres alten Fußballclubs, des TUS Talle, darunter ehemalige Mannschaftskameraden, waren zur Feier eingeladen worden. Dass auch ich ein ehemaliges Mitglied des Teams von Acker bin, dass ich sein Flankengeber auf dem Fußballplatz gewesen war, hatte man entweder vergessen, oder man hatte mich schlicht und ergreifend ignoriert!

Ich kann mit Worten kaum beschreiben, wie ich mich fühlte. Mein erster Gedanke, als ich davon erfuhr, war: »Da hat jemand Mist gebaut. Acker war bestimmt genauso darüber überrascht wie ich, dass ich bei der Abordnung fehlte. Man hatte vergessen, mir meine Einladung zu schicken. Oder war es Acker wirklich peinlich, wenn ich dabei gewesen wäre? Vielleicht wollte er auch nicht die anderen Geschwister vor den Kopf stoßen, die auch nicht eingeladen waren, oder war es für einige Geschwister verboten, einen Blick in sein Zuhause zu werfen?«

Ich verstand die Welt nicht mehr. Was hatte ich verbrochen? Einer alten Oma die Handtasche geklaut, ohne Führerschein einen Gartenzaun platt gewalzt? War ich vor den versammelten Medien der CDU beigetreten und damit Acker in den Rücken gefallen, hatte ich ihn zum Gespött gemacht, ihn verraten? Störte er sich an meinen Jobs als PR-Figur oder war ich in seinen Augen einfach nur peinlich? Wenn irgendetwas davon der Grund war, ein Anruf von Acker hätte gereicht, und ich wäre auch zu Fuß nach Tibet gelaufen, um mit ihm darüber zu sprechen. So aber verkroch ich mich in unser Schlafzimmer und gestehe dies ohne jede Scham: Ich habe Rotz und Wasser geheult!

Ich fühlte mich weggestoßen, ja weggeworfen von meinem Halbbruder, weil ich nicht mehr in seine Welt passte. Aber die anderen ehemaligen Fußballkameraden anscheinend schon. Dass es Acker bestimmt nicht recht war, dass ich als Kanzlerhalbbruder tingelte, war mir schon klar. Aber ein Wort von ihm, auch ein Wort der Kritik, und ich hätte sofort und mit Freuden reagiert. Mir machte es absolut keinen Spaß, in den Räumen des Arbeitsamtes zu sitzen, auf ein Wunder zu hoffen oder als Kanzlerhalbbruder die Brötchen für meine Frau und mich zu verdienen! Acker kann dies doch nicht wirklich geglaubt haben. Schließlich habe ich schon Geld auf Montage verdient, als Acker noch zur Schule ging und dann studierte. Ich hätte immer vorbehaltlos zu ihm gehalten. Immer habe ich ihn, so gut ich konnte, gegen Vorwürfe verteidigt und die daraus resultierenden Schwierigkeiten fast stolz, wenn auch manchmal verängstigt, ertragen.

Nun war der Punkt gekommen, an dem ich anfing, Ackers Politik und sein öffentliches Auftreten anders zu betrachten. Ich wollte nun keine Rücksicht auf ihn, auf seine politische Karriere oder auf unser ohnehin nicht mehr intaktes Verhältnis nehmen. Ich begriff: Jeder ist sich selbst der Nächste, wohl auch unter Brüdern.

Ich war traurig.

ES GEHT BERGAB

Mein Tagesablauf bestand immer noch aus der sinnlosen Arbeitsplatzsuche, dem immer übermächtiger werdenden Gefühl, als Mensch und Werktätiger überflüssig zu sein.

Immer kritischer betrachtete ich die in meinen Augen immer desolatere Politik von Acker und seiner Regierung. Dass die Unzufriedenheit in der Bevölkerung schneller wuchs als die Schulden von Deutschland, es schien weder Acker noch seine Minister wirklich zu interessieren. Acker hatte das Ohr schon längst nicht mehr an der Stimme des Volkes, hörte, bewusst oder unbewusst, die lautstarken und berechtigten Vorwürfe nicht mehr. Sah er nicht die Existenzängste der Menschen? War das wieder die »Politik der ruhigen Hand«? Die meisten Gesetze trafen die kleinen Leute mit voller Gewalt. Viele Menschen sagten, dass sie wieder von den politischen Aussagen von Acker getäuscht worden waren, dass sie wieder reingefallen waren. Immer neue finanzielle Belastungen bremsten den Konsum, Zukunftsangst machte sich breit. Die Menschen sparten jeden Pfennig. Sie legten ihr Geld aufs Sparbuch, immer in der Angst vor Arbeitslosigkeit. Jeder konnte davon getroffen werden, nicht mehr nur die kleinen Leute wie ich. Immer öfter wurde ich wieder das

Ziel von Verbalattacken wegen der Politik von Acker. Ich denke, viele Bürger waren und sind bereit, Opfer zu bringen, damit es mit Deutschland wieder bergauf geht, nur die Verteilung der Lasten war nicht nur ungleich, sondern widersprach eigentlich jeder sozialdemokratischen Politik. Nun schlingerte das Schiff im Sturm, und es fehlte der Steuermann mit Visionen, dem Blick für die Bevölkerung.

In den Augen der Leute und auch in meinen Augen reihte sich eine politische Panne an die nächste, und konstruktive Lösungsvorschläge wichen immer wieder gleich lautenden Worthülsen, da die Politiker der Regierung die grauenhafte Situation zwar erkannten, aber der Karren schon zu tief im Dreck steckte. Die Unsicherheit und Hilflosigkeit Ackers, für mich nicht mehr übersehbar, strahlte auf seine Minister aus, und blinder Aktionismus setzte ein.

Ich war als Arbeitsloser direkt betroffen und gab mich keiner Illusion mehr hin. Ich kannte meinen Halbbruder gut genug, um zu ahnen: Acker kommt mit den riesigen Problemen des Landes nicht mehr klar, er wird immer dünnhäutiger und reagiert auf jede Kritik wie nach einem Foul auf dem Fußballplatz: Er weist alle Schuld von sich und verzettelt sich in Ausreden. Wo war der volksnahe Medienkanzler geblieben, der sich ohne Lamentieren den Herausforderungen stellte? Wo blieben Ackers starkes Rückgrat und ehrliches Kämpferherz? Ich dachte: Acker, du warst der Kanzler des kleinen Mannes, der dir vertraute und auch auf deinen Schutz hoffte und nun immer mehr enttäuscht wird.

Die Umfrageergebnisse waren eine Katastrophe. Wenn ich Acker im Fernsehen sah, bemerkte ich die ungeheure Anspannung in seinem Gesicht, die Sorgenfalten, seine eingefrorene Mimik, die auf sofortige Verteidigung eingestellt war. Aber auch der ungebrochene Wille weiterzukämpfen war für mich zu erkennen. Seine sich vertiefenden Stirnfalten konnte ich als Zeichen der Sturheit deuten. Abzutreten kam für ihn nicht eine Minute in Betracht.

Meiner Meinung nach war die Holzhammermethode, mit der der Bevölkerung die umfangreichen Reformen als Rettungsmittel aufgezwungen wurden, der Anfang vom Ende der sozialdemokratischen Politik meines Bruders. Reformen müssen von der Bevölkerung mitgetragen und vor allem dem Volk erklärt werden. Aber dies passierte nur ansatzweise. Es hagelte neue Gesetze und Sparmaßnahmen, die kein Bürger mehr verstand. Eine wirkliche Lösung der umfangreichen Probleme konnten die verspäteten Reformen nicht mehr bedeuten. Die Bevölkerung war an der Grenze jeglicher Belastbarkeit angelangt.

Vor allem Hartz IV bestimmte die Diskussion im Sommer, doch mein Halbbruder schwieg. Ich fragte mich immer öfter: Warum hatte Acker nach der letzten Wahl nicht eine radikale Zäsur vollzogen, denn alle ahnten wir doch, dass nach den vielen Jahren Kohl nicht alles zum Besten stehen konnte! Warum hatte er die Bevölkerung damals nicht mit den harten Details der Situation konfrontiert, warum seine Vorschläge zur Lösung der Probleme nicht erklärt? Damals, nach seiner ersten Wahl, hatte er einen so großen Vertrauensvorschuss, den er aber nicht nutzte. Es war irgendwie so wie bei Kohl, als der blühende Landschaften ohne Steuererhöhungen versprochen hatte.

Das böse Wort von Wahlbetrug machte die Runde. Wem sollten die Wähler noch vertrauen? Die Bürger schlitterten von einem neuen Gesetz, einer neuen Sparmaßnahme zur nächsten, und die Regierung befasste sich voller Ehrgeiz mit dem Dosenpfand, als ob es keine anderen Probleme gäbe. Die Staatsverschuldungsquote der EU wurde in schöner Regelmäßigkeit von Deutschland überschritten. Es fand sich immer eine Ausrede.

Hätte Deutschland als Club in der Fußballliga gespielt, wäre der Abstieg absolut sicher gewesen, direkt in die Bezirksklasse. Bei Misserfolgen wird meist der Trainer entlassen, und wenn das nicht hilft, werden die Spieler ausgewechselt. Was im Sport und in der Wirtschaft funktioniert, muss doch auch in der Politik möglich sein. Wie wäre es also mit einem kleinen Grundgehalt für die Minister und Zahlungen von Gratifikationen bei Erfolgen für die Bevölkerung, bei Wohlergehen des Landes?

Alle Programme zur Wiedereingliederung von Langzeitarbeitslosen kamen mir vor, als gäbe es sie nur als Alibi, damit überhaupt irgendetwas passierte. Auch ich sollte noch in den Genuss einer solchen Maßnahme kommen. Den Gürtel enger zu schnallen ist ja okay, nur muss man wenigstens noch ein bisschen Atem schöpfen können.

Ich war endgültig am Ende. Das Arbeitsamt wurde zu meinem zweiten Zuhause. Auch meine Schwiegertochter war trotz guter Zeugnisse arbeitslos, und mein Sohn Nickos ebenfalls. Hier waren sechs Hände, die arbeiten, drei Menschen, die ihren Platz im Berufsleben einnehmen wollten. Wir wollten und wollen kein Geld vom Staat, sondern nur die Chance auf eine Arbeit, meiner Meinung nach sollte das sogar ein verbrieftes Recht eines jeden Bürgers sein!

Bei den Landtagswahlen waren die Ergebnisse für die SPD ein Fiasko. Doch jedes noch so schlechte Ergebnis ließ sich zum Erfolg schön reden, und das Prinzip »Hoffen auf Wunder« wurde zum Stützpfeiler der Regierungspolitik. Die Mehrheit der Regierungsparteien im Bundesrat ging verloren, und ohne Zustimmung der Opposition konnte kein Gesetz mehr verabschiedet werden. Die Unterstützung der Regierungspolitik durch die Bevölkerung nahm immer weiter ab. Trotz aller noch vorhandenen Bruderliebe fragte ich mich: Wie lange kann ein Kanzler, kann eine Regierung im Amt bleiben, wenn die Mehrheit des Volkes nicht mehr hinter ihnen steht?

Es verging kein Tag, an dem ich nicht einen Bekannten traf, der nun ebenfalls ein Mitglied der ehrenwerten Gesellschaft der Arbeitslosen geworden war. Um nicht total durchzudrehen, kümmerte ich mich in meiner leider reichlich vorhandenen Freizeit um ein Jugendteam eines Fußballclubs. Ich war Betreuer, Trainer und Mädchen für alles. Es war eine Aufgabe, die mich zwar nicht übermäßig forderte, aber ich hatte zumindest jeden Tag ein Ziel, wenn ich aufwachte. Mit den Kindern auf dem

Fußballplatz zu trainieren, ihnen als ehemaliger Flankengeber des heutigen Bundeskanzlers das ABC des Fußballspiels beizubringen, war besser, als gar nichts zu tun. Aber immer wenn ich die Jugendlichen traf, dachte ich an meine Jugend, drehten sich meine Gedanken um die unbeschwerten Tage mit Acker auf dem Bolzplatz von Talle. Wie weit war das alles entfernt.

Ich wollte darüber eigentlich nicht nachdenken, aber Gedanken lassen sich nicht einfach abstellen. Was hätte ich für ein ausführliches Gespräch mit Acker unter vier Augen gegeben. Mit meinem bescheidenen Wortschatz hätte ich ihm vielleicht einen wirklich ehrlichen Stimmungsbericht geben können. Aber vielleicht war ihm alles bekannt, konnte ich ihm gar nichts Neues mehr mitteilen. Aber selbst wenn Gerhard die Stimmungen und Gefühle der Bürger, ihre Ängste und ihre Verzweiflung noch spüren konnte, war er wohl inzwischen vom Volk zu weit entfernt, lebte er in einer abgeschotteten Politikerwelt.

Aber es passierte nichts, die Daumenschrauben bei den Bürgern wurden wegen der schlechten Haushaltslage noch weiter angezogen. Die Leidensfähigkeit der Bürger wurde immer stärker ausgetestet. Wo gehobelt wird, um ein neues, absolut notwendiges Gebäude zu bauen, fallen schließlich Späne, auch wenn es sich nicht um seelenloses Holz handelte, sondern um menschliche Schicksale, was die Lage noch verschlimmerte. Die Politikverdrossenheit nahm weiter zu, und der Ausverkauf des Sozialstaates ging rasant weiter. Arbeitslosigkeit traf unter der Verantwortung von Acker immer mehr Menschen, die nie damit gerechnet hatten, durch die Maschen des Sozialnetzes zu fallen, und die jahrelang geschuftet hatten, nur um sich nach einem Gesetz namens Hartz IV als verkappte Sozialhilfeempfänger wiederzufinden.

Tausend Euro Arbeitslosengeld reichen kaum zum Leben, wovon soll man »Konsumgüter kaufen, um den Binnenmarkt anzukurbeln«? Das sei dringend notwendig, so sah und hörte ich die Experten im Fernsehen. Was für ein Witz, wenn das Geld nur zum Lebensnotwendigsten aus dem Supermarkt ausreicht!

Und trotz aller Sparmaßnahmen gab es immer höhere Schuldenaufnahmen, mir tat Hans Eichel fast leid, auf dessen Kappe das immer ging. Genau das war doch der Regierung Kohl von Acker immer vorgeworfen worden – und nun sollte diese »Lösung« auf einmal funktionieren? Alle Zahlen und Prognosen waren nach jeder Nachrichtensendung meist schon wieder überholt, denn die Lage hatte sich weiter verschlechtert. An Fehlern der Regierung lag es jedoch nie, sondern an den misslichen Umständen und der Weltwirtschaft. »An unserer Politik liegt es nicht, wir haben die richtigen Konzepte, es ist ein reines Zeit- und Umsetzungsproblem«, lautete meist der stereotype Satz der diversen Minister. Diese Argumentation war ein Standardsatz, leider auch von Acker! Aber wo versteckte sich der Aufschwung? Wer hatte dann die Schuld an dem Debakel? Das Volk, das im Sommer 2004 auf die Straße ging?

Was jeder Schuldnerberater seinen Klienten rät, dass eine Kreditaufnahme zur Tilgung eines Kredites absolut tödlich ist – die Herren Minister scheinen diese einfache Tatsache entweder nicht verstanden zu haben oder zu ignorieren. Was in Deutschland in dieser Hinsicht passierte, war Irrsinn und gegen jede Vernunft. Ich dachte an die Lebensmaxime unserer Mutter, das man sich nur das leisten sollte, was man auch sofort bezahlen kann. Diese Maxime hatte uns Mutter beigebracht, und sie trifft auf mich auch vollkommen zu. Etliche deutsche Haushalte waren inzwischen überschuldet, die Zahl der so genannten Privatinsolvenzen stieg. Dann wieder wurde von den hohen Sparguthaben der deutschen Bevölkerung gesprochen. Die Deutschen sparten angeblich zu viel.

Aber warum denn? Die Bürger sparen immer, wenn sie kein Vertrauen in die Zukunft haben! Die Bürger demonstrierten durch ihr Sparverhalten, was sie von der Vertrauenswürdigkeit der Regierung hielten. Stummer Protest auf den Sparkonten – auch aus Angst! Ich hatte nur nichts zum Sparen, woher auch?

Ich jedenfalls wollte nur eines, endlich wieder irgendeine, sei es auch zur Not eine unbezahlte berufliche Aufgabe übernehmen, nicht mehr in den Tag hineinleben und auf das nicht mehr zu erhoffende Wirtschaftswunder warten. Vorruhestand und Frührente waren Dinge, die ich für mich kategorisch ablehnte. Ich war nicht verbraucht. Zwar war ich seelisch total angeschlagen und in meinem Stolz verletzt, aber auch so arbeitswütig, dass es eine Freude für jeden Politiker hätte sein müssen.

Und ich sage ganz deutlich: Wer noch niemals arbeitslos war, der wird auch nie, nie, nie begreifen, was es wirklich bedeutet! Ich meine: Was es wirklich für jemanden heißt, morgens aufzustehen und keinen Sinn in seinem Leben zu haben – denn der Mensch ist nun mal zur Arbeit geboren, das ist meine feste Überzeugung.

All den gelehrten Experten und Politikern, die im Fernsehen immer so viel schönreden, würde ich einmal nur für einen Monat verbieten zu arbeiten, einfach mal richtig verbieten! Keine Konferenzen, keine Sitzungen, keine Besprechungen. Niemand, der etwas fragt oder der einen neuen Auftrag erteilt. Keine Maschine, die sich dreht; keine Touristen, die befördert werden wollen; kein Brief und keine E-Mail, die zu schreiben sind – einfach absolut gar nichts, was mit Arbeit zu tun hat. Dann merken die Herren vielleicht endlich einmal, wie schlimm das ist und wie total nutzlos man sich dann vorkommt!

Na klar, einen Monat kann man sich vielleicht noch mit dem durchschlagen, was man schon lange mal Lesen oder Bauen oder Basteln wollte. Vielleicht freut man sich auch noch ein ganzes Vierteljahr über die viele schöne Freizeit, aber auch das wird schnell langweilig. Vor allem, wenn die Ersparnisse aufgebraucht sind, denn Freizeit kostet Geld, und das Geld wird als Arbeitsloser verdammt schnell knapp.

Deshalb sollte die Herren Politiker sich mein kleines Gedankenexperiment mal ohne ihre Ersparnisse vorstellen, wie sie dann durchkommen würden, wenn das Geld nur noch grad so zum Leben reicht. Ich will es ihnen ja gar nicht wegnehmen, das liebe Geld, und sie sollen auch ordentlich verdienen. Aber nur, wenn sie dafür sorgen, dass Arbeitsplätze geschaffen werden.

Liebe Leser, Sie können mich jetzt auch furchtbar naiv nennen, ich bin weder Wirtschaftsweiser noch Politiker, das weiß ich. Aber das ist nun mal meine Meinung.

»BIG BROTHER« & DER MANN IM ROLLSTUHL

Wenn die Zeiten immer schlechter werden, brauchen die Medien Protagonisten, denen es noch schlechter geht als dem Großteil der Bevölkerung und die schlagzeilenträchtig verbraten werden können. Für die Medien wurde ich daher wieder zum Vorzeigelangzeitarbeitslosen: Auch der Kanzlerhalbbruder findet keinen Job, aber er wird schon irgendwie überleben, also nehmt euch als Bürger ein Beispiel an ihm und hört auf zu jammern, schließlich geht es sogar dem Kanzlerhalbbruder schlecht. Der Vosseler hat viel versucht, wenig erreicht, oft versagt – und nicht einmal die Macht und der Ruhm seines Halbbruders nützen ihm etwas. Das ist ein klarer Fall von schlechter Vermarktungsstrategie, ansonsten wäre der Typ heute schon Millionär!

Ich bin zwar keine Geistesleuchte, kein Mann der großen Worte, bin nicht auf dem gesellschaftlichen Parkett zu Hause, aber ich habe einen klaren Verstand und, was wohl heute noch viel wichtiger ist, ich überschätze mich und meine Situation nicht, ich bin knochenehrlich. Also versuchte ich, mich der schwierigen Lage anzupassen.

Die Medien hatten mich wieder im Visier. Die ewig gleich lautenden Fragen waren wieder da: Warum hilft Ihnen Ihr Halbbruder nicht? Hält er Sie für unintelligent, vielleicht sogar für etwas dumm, oder sind Sie arbeitsscheu? Das prallte inzwischen schon fast von mir ab, obwohl es mich immer noch verletzte.

Die erneute Medienaufmerksamkeit hatte aber auch etwas Gutes. Ein TV-Sender erkannte, dass sich mit dem Kanzlerhalbbruder vielleicht ein kleiner Skandal erzeugen ließe, um selbst die öffentliche Aufmerksamkeit für den Sender zu gewinnen. Es musste, so die Kalkulation, dem Kanzler doch peinlich sein, wenn sich sein Halbbruder in den TV-Knast von »Big Brother« einschließen ließ und dort wieder seine Rolle spielte. Und natürlich sollte durch meine Anwesenheit im Container auch die Quote der Sendung enorm gesteigert werden. Also zog ich, Lothar Vosseler, als Gast für einige Stunden in den »Big-Brother«-Container. Was für eine Story! Der wieder einmal arbeitslose Halbbruder des Kanzlers inmitten einer Gruppe von Menschen, die in einen Container verbannt wurden!

Die Unterteilung der Containerbewohner in einen reichen, im Überfluss lebenden Teil, in eine mittelständische Bewohnerschaft ohne quälende Hungergefühle und die Abteilung der Armen, in der eine Zigarette schon purer Luxus ist, das entsprach irgendwie der bundesdeutschen Realität. Dazu noch meine bodenständige Art und im Hintergrund Acker – das konnte nur eine unschlagbare Kombination sein, dachten die Fernsehleute. Davon versprach man sich einen sehr großen PR-Effekt. Ich war als Opfer geradezu für dieses Spektakel geschaffen.

Die Folgen konnte ich, trotz der mir von den Produzenten unterstellten Dummheit, ganz gut überblicken, wenn auch letztendlich nicht in ihrer ganzen Dimension. Dass einige Medienvertreter wieder die Chance bekamen, vom peinlichen, vom Ruhm des Kanzlers zehrenden kleinen Halbbruder zu berichten, war mir absolut klar. Aber ich verfolgte mit diesem Auftritt eigentlich ganz andere Ziele, wovon aber selbst meine Gisela nichts wissen sollte. Ich war bereit, den Kanzlerhalbbruder zu geben, aber diesmal nicht für Geld, sondern um endlich eine Plattform und Bühne zu finden.

Ich musste abwägen. Auf der einen Seite hatte ich von einem Auftritt im Container gar nichts, weil die Einkünfte aus der Sendung mit meinem Arbeitslosengeld verrechnet wurden. Trotzdem war ich auf der anderen Seite bereit, das Angebot anzunehmen. Ich wollte endlich wieder etwas tun, gleichgültig was! Vielleicht der völlig falsche Weg, mein angekratztes Ego wieder etwas aufzubauen, aber ich wollte das Gefühl auskosten, auch außerhalb meiner Familie gebraucht zu werden. Meine Seele bettelte geradezu nach Anerkennung und der Chance, mich zu beweisen.

Außerdem war mir klar, dass mein Auftritt in der umstrittenen Sendung für Acker und seine Medienberater eine kaum zu überbietende Provokation darstellen musste. Aber genau dies war der Antrieb für mich. Vielleicht erreichte ich, dass Acker eine Reaktion zeigte, es zu einem persönlichen Gespräch kam. Und noch eines wollte ich: Ich wünschte mir, dass Acker die Sendung sah und endlich begriff, dass mir das Wasser bis zum Hals stand. Es ging mir nicht um irgendwelche Privilegien. Mein Bruder sollte nur ... wieder ein Gefühl für mich, meine Sorgen und täglichen Nöte bekommen, vielleicht auch, damit er die Situation der vielen Arbeitslosen und Schwachen im Land wieder besser verstand.

Gisela war dagegen, dass ich als Gast in den Container ging. Sie verstand zwar einige meiner Beweggründe, hatte aber Angst, dass ich wieder nicht so dargestellt werde, mich nicht so entfalten konnte, wie ich eigentlich bin. In Ihren Augen hatte man mir zu oft die Maske des dümmlichen, langzeitarbeitslosen Versagers aufgesetzt und vor allem meine Gutmütigkeit ausgenutzt. Dass auch ich, obwohl bestimmt kein Rhetorik-Ass, konsequent meine Meinungen vertreten konnte, dass ich mit beiden Beinen im Leben stand, dass ich ausführliche Diskussionen liebe und gerne Menschen mit den unterschiedlichsten Lebensansichten um mich habe, wer wusste das schon? Das passte nicht zur Schablone, in die man mich gezwängt hatte. Aber ich war wild entschlossen, dies nun zu ändern.

Ein großes Problem hatte ich aber mit jedem TV-Auftritt respektive den dazugehörigen Verträgen. Ich bin im Gegensatz zu Acker kein Jurist, kannte mich in der Medienbranche und deren knallharten Gepflogenheiten überhaupt nicht aus. Dies hatte mich nicht nur schon einiges an Geld, sondern auch Nerven gekostet. Zwar waren schon einige so genannte »Manager« an mich herangetreten, aber die waren so dubios, verschlagen, profitgierig, dass mir angst und bange wurde. Die Krönung war übrigens ein Angebot eines Mannes, der in mir das ultimative Nacktmodel sah. Der Kanzlerhalbbruder in einem Pornoheft, Skandal garantiert und auch die fette Kohle hinterher – und fürs Leben gezeichnet! Aufgrund des sicheren Skandalerfolges sah er uns beide schon im Flieger nach Hollywood sitzen! Mit solchen Leuten wollten Gisela und ich nicht zusammenarbeiten. Bevor mein Auftritt anstand, schaute ich mir einige Abende im TV das Treiben im Container an und fragte mich: Warum spielen die dort alle die Deppen, lassen die Zuschauer nicht nur in ihre Seelen schauen und teilweise sogar noch woanders hin, sondern haben ihren Stolz an der Eingangstür abgegeben? Alles nur für das Geld, welches sie mit viel Glück gewinnen können und für den Ruhm? Sind das auch alles Arbeitslose, die den Container als einzige Chance sehen, später einen Job zu finden, oder träumen die eher von einer Gesangskarriere oder einer Hauptrolle?

Am Morgen vor der Sendung kam ich in Köln an. Einige Mitarbeiter des Produktionsteams begrüßten mich, und mir wurde im Vorgespräch schnell klar: Es ging wieder um die alte, abgedroschene Nummer. Der dumme Kanzlerhalbbruder spielt den Clown und schnattert über Acker, dessen Politik und am besten noch über Bettgeheimnisse des Kanzlers. Es ging also anscheinend schon wieder los. Ich schwor mir aber: Nein, Lothar, nicht ums Verrecken, diesmal können die sich ihre Ratschläge und Anweisungen sparen. Du gibst dich so, wie du bist, und wirst dich nicht verstellen. Die Zuschauer sollen begreifen, der von den Medien zum Trottel abgestempelte Versager, der Halbbruder des Kanzlers hat einige Gehirnzellen, die sehr gut funktionieren. Er ist zudem kein Schmarotzer, der sich wohl fühlt, weil er etwas von den Ruhmeskrümeln des Kanzlers abbekommt.

Die Medien waren natürlich, wie erwartet, in die Story eingestiegen. Es beschäftigte sie sehr, wie sich Lothar Vosseler als Gast im Container benehmen würde. Duscht er vielleicht mit den schönen weiblichen Insassen, spielt er den Pascha, lässt er den Proleten raushängen – und vor allem: Wie wird der Kanzler auf diese Provokation reagieren? Acker avancierte bei einigen Blättern sogar zum armen Opfer, das unter den Eskapaden seines leicht gestörten, gierigen Halbbruders mit solchen geschmacklosen TV-Auftritten zu leiden hatte. Man schrieb beispielsweise, dass ich das Amt meines Bruders durch solche Aktionen beschmutzen könnte und dem Image von Deutschland Schaden zufügen würde. Ich frage mich dann nur, warum so viele Menschen diese tägliche TV-Sendung schauen, warum Gäste jeder Couleur eingeladen werden, die dann für einige Stunden in den Container gehen. Guido Westerwelle war ja auch schon drin, und es würde sich bestimmt bei der entsprechenden Bezahlung auch ein Ex-Minister finden, der mitmachen würde! Wo also war oder ist das Problem? Wenn solche Sendungen einen Schaden anrichten, warum werden sie dann produziert, und die Industrie schaltet sogar Werbespots?

Als ich vor dem Container stand, dachte ich nur: Das ist ja ein echter Knast, so etwas wie Stuttgart-Stammheim, ein Hochsicherheitstrakt für gefährliche TV-Knackis, die nie wieder raus dürfen. So wirkte der Bunker auf mich. Ich fungierte an diesem Tag übrigens auch noch als Werbeträger, und zwar für ein Brot. Dieses Brot hat eine uralte Tradition und ist in seiner Art und mit den viel zu gesunden Zutaten sicher einzigartig auf dem deutschen Brotmarkt. Nonnen haben vor Jahrhunderten das Rezept erfunden. Nun vertreibt eine Art Bauernhofsupermarkt die Lizenzen an Bäckerfachbetriebe, und diese dürfen dann das Brot an den Endabnehmer verkaufen. Als ich auf Werbung für das Brot angesprochen wurde, hatte ich den Vertrag bei der Produktionsfirma der Sendung schon unterschrieben. Man fand die Idee, dass ich einige dieser urgesunden Brote für die armen Insassen mit in den Container nahm, sogar ganz witzig.

Im Container kam ich aus dem Staunen nicht mehr heraus. Die Bewohner litten nicht eine Sekunde unter ihrem Containerdasein. Sie waren echte Profis, die gelernt hatten, vor den unzähligen Beobachtungskameras ihre Rollen zu spielen und den Zuschauern das zu bieten, was diese sehen wollten. Im

Gespräch entpuppten sich alle Bewohner als nett, offen und freundlich. Es ergab sich ein angeregtes Gespräch, nicht nur über Acker. Natürlich war dieses Thema für die Containerbewohner interessant, aber die Themen variierten. Sport, Politik, Gesellschaft und das Leben im Container, es gab genug Gesprächsstoff. Aufgrund meines Besuches waren die Gruppenbegrenzungen aufgehoben worden, und so saßen, wie es leider im normalen Leben nicht oft der Fall ist, »Arm«, »Reich« und »Normal« an einem Tisch und genossen die ungewohnte Situation. Ich war locker wie selten, wenn ich vor einer Kamera sitze oder stehe. Immer wieder sagte ich mir: Lothar, du hast nichts mehr zu verlieren, wirst demnächst ein Fall für Hartz IV, und was soll dann noch kommen? Die Containerbewohner ließen sich das von mir mitgebrachte Brot schmecken, und ich erklärte die vielfältigen Zutaten.

Nach dem TV-Auftritt bekam ich weitere Schelte von einigen Medien. Auf einmal war ich in der Sendung arrogant gewesen, vorlaut, hatte mich auf Kosten der anderen Protagonisten in den Vordergrund gedrängelt, und, was noch schlimmer war, ich hatte aus meinem Herzen keine Mördergrube gemacht. Wenn ich die in den nächsten Tagen folgenden Presseartikel las, kam ich mir teilweise vor, als hätte ich vorgeschlagen, aus Deutschland eine Monarchie unter dem König Lothar I. von Detmold zu machen. Was wollten denn alle von mir? Wenn ich ruhig, zurückhaltend war, nur wenig sagte, war ich beschränkt, weltfremd und dumm. Wenn ich redete, meine Meinung klar und offen vertrat, dann war ich eine Art Volksvergifter, der nur eins im Sinn hat, seinem Halbbruder, dem Kanzler, zu schaden, Acker zu ruinieren. Sollte ich mich selbst ins Weltall sprengen, nur damit der Kanzler keinen arbeitslosen Halbbruder als Imageschaden mehr am Hals hat? Ich habe Acker bestimmt nicht dazu ermuntert, als Kanzler zu kandidieren, und das auch noch zweimal. Also, wo war die Gerechtigkeit in dieser Geschichte?

Der Fernsehauftritt bei »Big Brother« sorgte dafür, dass ich ein weiteres TV-Angebot bekam, für einen Buchstabiertest.

Wenn man so will ein Quiz, in dem man beweisen muss, dass man wenigstens deutsch versteht und schreiben kann. Also konnte ich die TV-Produktion doch nicht gänzlich enttäuscht haben. Oder war das eine üble Falle, suchten sie einen Kandidaten, der nicht einmal seinen Vornamen buchstabieren konnte? Ich dachte nur noch: »Okay, jetzt wollen sie dich endlich total blamieren und versuchen dich vor der TV-Nation lächerlich zu machen. Alle werden darauf hoffen, dass du nicht ein einziges Wort richtig buchstabieren kannst. Aber so nicht, ich bin doch nicht bescheuert und war in der Schule in Deutsch doch gar nicht so schlecht – und das gute, alte Gehirn funktioniert ja auch immer noch ganz akzeptabel.«

Ich nahm diese Einladung und das Vertragsangebot an; natürlich verdiente ich durch meinen Arbeitslosenstatus daran wieder nichts. Was sich daraus entwickeln sollte, wie sehr diese Buchstabiershow mein Leben verändern sollte, ahnte ich damals nicht eine Sekunde! Vorher gab es allerdings noch die Sache mit dem TV-Drehteam und dem Arbeitsamt.

Nach der nicht gerade schmeichelhaften Berichterstattung über meinen Auftritt bei »Big Brother« lehnte ich jedes Interview zur Lebenssituation als Langzeitarbeitsloser ab. Ein TV-Team war aber besonders hartnäckig. Sie wollten von mir ein Statement über Hartz IV, die Arbeitsmarktpolitik, die Wirtschaftspolitik und anderes, also wie gehabt das ganze Programm rauf und runter, inklusive diverser Fragen über das Privatleben von Acker. Das gefiel mir wirklich nicht. Ich schlug mit süffisanter Stimme vor, man solle doch zu dem für mich zuständigen Arbeitsamt gehen, dort würde man die Fragen bestimmt beantworten, denn schließlich wüsste man dort alles von mir, und die Beamten würden für ihren Job ja bezahlt werden. Damit war für mich die Sache eigentlich beendet, und das Drehteam zog ab. Gegen zirka zwölf Uhr, Gisela und ich wollten gerade losgehen, um einige für das Kinderheim in der Türkei gespendete Spielsachen abzuholen, klingelte das Telefon. Zuerst hörte ich nur wütendes Schnauben und dazwischen ein ungesund klingendes Pfeifen. Es dauerte einen Moment, bis ich verstand, wer am anderen Ende der Leitung war: Eine Sachbearbeiterin des für mich zuständigen Arbeitsamtes, die vor Wut beinahe explodierte und mich wild beschimpfte. Was war passiert? Ich konnte es kaum glauben und hatte Mühe, nicht laut loszulachen. Das TV-Team hatte meinen nicht ernst gemeinten Ratschlag, zum Arbeitsamt zu fahren, wirklich umgesetzt und war mitsamt Drehteam dort aufgekreuzt. Ohne jede Drehgenehmigung war man in ein Beratungszimmer gestürzt, hatte sich dort postiert, die Kamera und die Scheinwerfer gegen alle Widerstände eingerichtet und angefangen, Fragen zu stellen. Das Ganze endete damit, dass die Mitarbeiter des Arbeitsamtes das Drehteam hinausschmissen. Ich konnte das kaum begreifen. Es dauerte eine Ewigkeit, bis ich mich wieder beruhigte, und auch Gisela hat herzhaft gelacht.

Ich fuhr wieder nach Köln, zur Aufzeichnung der Buchstabiershow. Im Catering-Bereich wimmelte es nur so von Prominenz aus Showbusiness, Sport und so weiter. Alle waren Kandidaten, denn insgesamt wurden drei Shows hintereinander aufgezeichnet. Das hieß für die meisten Protagonisten: Warten, warten, warten. Das Büfett war zwar erstklassig, aber ich fühlte mich unter all der Oberprominenz nicht wohl. Jeder war natürlich besonders wichtig oder fühlte sich so, und die Handys waren im Dauerbetrieb. Ich dachte nur: »Lothar, hier gehörst du hin wie ein kleines Segelboot auf den Atlantik.«

Und richtig, niemand nahm auch nur für Sekunden Notiz von mir. Das war aber okay, wer war ich denn schon gegen all die Stars, obwohl, einige Anwesende hatten ihre besten Jahre auch schon hinter sich und lebten vom verblassenden Ruhm. Zwischen all den top gekleideten, gut frisierten und hektisch telefonierenden Stars jeder Couleur fiel mir ein leger gekleideter Mann im Rollstuhl auf. Er saß ruhig da, beobachtete die anderen Personen mit einem leichten Grinsen im Gesicht und zeigte auch nicht das übliche Rudelverhalten, wie sonst bei solchen Anlässen üblich. Ihm fehlte ein Bein und er sah gesundheitlich ziemlich angegriffen aus. Die Showbetriebsamkeit schien ihn mehr zu amüsieren als zu beeindrucken. Ich fragte einen Bühnenarbeiter, wer dieser Mann sei. »Das ist der Autor des Bernhard-Brink-Hörbuchs, das Ding ist doch gerade ein Erfolg, und Brink ist dadurch wieder Dauergast im TV.«

Ein Autor also. Ich hatte mir Autoren immer ganz anders vorgestellt. Dieser hier war Kettenraucher und unterhielt sich, wenn überhaupt, nur ganz selten und dann sehr leise, distanziert mit Bernhard Brink. Es ging wohl nur um Geschäfte, Freunde waren die beiden sicher nicht, trotz der gemeinsamen Erfolge. Seine Augen huschten lebhaft, in irrer Geschwindigkeit durch den Catering-Bereich und zwischen den anwesenden Personen hin und her, so als würde er mit seinen Augen fotografieren.

Irgendwann war die Aufzeichnung dann endlich vorbei. Mit den Produktionsfahrzeugen wurden die Teilnehmer der Show in das Hotel gebracht. Als ich ankam, saß schon eine illustre Runde in der Hotelbar zusammen. Fast alle Stars, die bei den letzten beiden Aufzeichnungen dabei gewesen waren, nahmen noch einen Drink. An einem großen Tisch waren alle zusammen, auch der Rollstuhlfahrer, der sich mit dem Aufnahmeleiter der Show unterhielt. Ich wusste genau, dass ich nicht dazugehörte, dass ich eine andere Liga war. Sie würden mit mir nichts anfangen können, und ich nichts mit ihnen. Also ging ich zum Tresen und bestellte mir ein Bier. Aus den Augenwinkeln beobachtete ich den Tisch der Stars. Mich beachtete natürlich keiner. Egal, dachte ich mir, ein Bier noch und dann ab ins Bett!

Ich suchte mir einen abgelegenen Tisch in der Ecke, weit weg von den Stars, und setzte mich. Tausend Gedanken gingen mir durch den Kopf. Wieder waren da die grausamen Zukunftsängste. Außer mir saß an diesem Tisch niemand. Ich hatte gerade den ersten Schluck getrunken, da kam der Mann im Rollstuhl herüber, und mit einem fast verärgerten Grinsen im Gesicht sagte er: »So läuft das nicht, du hast die Show mitgemacht, genauso deinen Job abgeliefert wie die anderen, also gehörst du auch dazu, also komm mit an den großen Tisch!« Ich merkte sofort, Widerrede war zwecklos. Ich freute mich, dass ich nicht mehr allein sitzen musste, doch meine Aufregung vor den Stars am großen Tisch, wo es inzwischen hoch herging, blieb.

Aber auch die war dann bald nur noch Vergangenheit. Ernest, so hieß der Rollstuhlfahrer, wusste nicht einmal, wer ich war, aber das schien ihm auch völlig gleichgültig zu sein. Er holte mich wie selbstverständlich an den Tisch, und Respekt schien er vor keinem der Promis zu haben. Im Gegenteil, ich bekam den Eindruck, einige waren in seinen Augen nur peinlich, weil sie selber überhaupt nicht mehr mitbekamen, dass sie ihre Starrolle auch im Privatleben spielten. Nachdem ich am großen Tisch neben Ernest einen Stuhl gefunden hatte, erfuhr er durch Nachfrage bei mir, wer ich war. Als ich es ihm sagte, lächelte er: »Mach dir nichts draus, man kann sich seine Verwandtschaft eben nicht aussuchen. Aber Freunde, und das ist viel wert. Man muss nur aufpassen, dass man die richtigen, echten, wahren Freunde findet. Und Geschäft und Gefühl unterscheiden kann!«

Während die Stars damit beschäftigt waren, sich gegenseitig zu erzählen, dass sie doch zum Glück für die nächsten Jahre ausgesorgt hätten, was sie sich alles leisten konnten, wohin in die Karibik sie demnächst fliegen würden, unterhielten Ernest und ich uns nicht über Geld, nein, er erzählte von sich, von seinem geliebten Beruf als Autor. Ich begann, warum auch immer, ihm meine Erlebnisse der letzten Jahre zu erzählen.

Ich war erstaunt, wie viel Energie Ernest hatte. Es gibt wohl in seinem Leben nur eine Sache, die ihm noch wichtiger ist als sein Beruf, seine Frau Petra. Er fühlte sich in diesem Kreis wohl auch nicht recht wohl, und über seine Zusammenarbeit mit Bernhard Brink erzählte er überhaupt nichts. Fast die ganze Nacht, bis gegen vier Uhr, habe ich dann von mir und meinem Leben als Kanzlerhalbbruder erzählt und dabei nicht einmal daran gedacht: »Mann, Lothar, neben dir sitzt ja ein Autor, der kann schreiben, vielleicht ist er fies und schreibt über das, was du ihm von Acker und dir erzählst, ein Buch.« Ernest war irgendwann todmüde und wollte ins Bett. Er gab mir seine Karte und meinte, sollte ich in dieser irren Branche einmal Probleme haben, solle ich ihn einfach anrufen. Ich glaubte aber nicht, Ernest noch einmal wiederzusehen, er war wahrscheinlich mit viel zu vielen anderen Projekten beschäftigt, um mir helfen zu können.

Das Schicksal spielte aber wieder mit. Am nächsten Morgen kam ich in den Frühstückssaal; dort saß Ernest allein und frühstückte. Ich setzte mich zu ihm und fragte ihn direkt, ob er mir als Manager helfen könnte. Er schaute mich einige Sekunden an und sagte dann: »Man kann nur mit vollem Einsatz für einen Künstler arbeiten, alles andere wäre unfair, erfolglos. Zurzeit arbeite ich mit Bernhard Brink zusammen und deshalb geht das nicht, obwohl, es würde mich reizen, dir zu helfen. Außerdem bin ich eigentlich Autor und kein Manager, möchte bald wieder nur schreiben. Aber wenn du Probleme hast, ruf mich doch einfach an. Und außerdem: Such dir einen Autor und schreibe ein Buch über deine verrückte Zeit als Kanzlerhalbbruder!«

Die nächsten Monate waren sehr chaotisch. Ich hatte nach wie vor keine Arbeit, und die Situation mit Acker war noch immer unverändert und bekümmerte mich. Ernest hatte den Gedanken an ein Buch zwar in mich gepflanzt, aber wie sollte ich das hinbekommen? Ich hatte so viel erlebt als Kanzlerhalbbruder, Dinge, die bestimmt einige Leser interessieren, aber wie sollte ich die Idee umsetzen, ich bin ja kein Schriftsteller! Gisela sah meine Verzweiflung und auch, wie oft ich Ernests Karte in der Hand hatte, aber mich nicht traute, ihn anzurufen. Aber meine Gisela ist da viel mutiger! An einem Mittwoch rief sie in seinem Büro an.

Ich stand neben ihr, als sie telefonierte, und versuchte irgendetwas vom Gespräch mitzubekommen. Ich war total aufgeregt. Ausführlich berichtete Gisela von unseren Schwierigkeiten. Ernest wollte noch mit seiner Frau sprechen und dann zurückrufen. Ich war richtig froh – entschuldige bitte, Bernhard Brink! –, als ich von Gisela erfuhr, dass Ernest und Brink nicht mehr zusammenarbeiteten. Hatte ich dadurch eine Chance, dass Ernest für mich, meine Sorgen und die Idee eines Buches Zeit hat? Dann rief Ernest zurück. Er erzählte nicht viel, nur dass er mit seinen Partnern und seiner Frau Petra gesprochen hätte; welche Partner er meinte, wusste ich damals noch nicht. Ernest lud uns nach Berlin ein, per Post kamen die Zugfahrkarten, auch die Hotelkosten übernahmen sie. Wir trafen an einem Samstag in Berlin bei Ernest und Petra ein. Die Überraschung beim ersten Gespräch war groß. Petra hatte eine Medienagentur und vertrat auch andere Künstler. Dann traf zum Kaffeetrinken einer der Geschäftspartner und Freunde von Ernest samt seiner kleinen Familie ein. Es war Marcus Zander, der Sohn des Sängers Frank Zander, Besitzer einer eigenen Plattenfirma und Musikverleger. Was meine Gisela sofort überzeugte: Ernest und Petra haben einen kleinen, wuscheligen Mischlingshund namens Maxe, und auch Marcus und seine Frau haben einen Hund. Gisela und ich schlossen Maxe sofort in unser Herz, und dann rückten Marcus und Ernest mit ihren Ideen raus.

Als Ernest vor kurzem in der Klinik lag, hatte er einen völlig verrückten Einfall: Eine kleine satirische Zeitung, gedruckt auf einem richtigen Papiertaschentuch. Ich dachte, die spinnen, aber dann sah ich die Muster und war begeistert, ebenso Gisela. Sogar das weltweite Patent hatten sie bekommen. Nun erfuhr ich mehr über dieses Team. Dazu gehörten noch der Musikverleger Sven Meisel, Frank Zander und eine Büromannschaft, die man getrost als ebenfalls kreativ verrückt bezeichnen kann. Es war eine echte Kreativschmiede, die wir im quirligen und hektischen Büro vorfanden. Petra, Marcus und Sven kümmern sich um alle geschäftlichen Belange, Ernest und Frank Zander sind die kreativen Köpfe.

Die Idee mit dem Buch stand im Raum. Wegen der PR hatte Ernest die Idee, einen Vorabdruck aus dem Buch vier Wochen in der »Taschentuchzeitung« laufen zu lassen. Die erste Ausgabe sollte Anfang November erscheinen, und im Dezember dieses Buch. Aber vor allem: Ernest wollte mir bei dem Buch helfen, es als Autor für mich nach meinen Angaben schreiben. Nun war ich ständig in Berlin. Ernest löcherte mich mit Tausenden von Fragen, wollte jede noch so kleine Begebenheit aus meiner und Ackers Kindheit wissen. Er entlockte mir in vielen, vielen Stunden alles über den Menschen Gerhard Schröder und zeichnete vor meinen Augen ein menschliches, wenn auch nicht gerade kritikfreies Bild. Der Mensch Acker, seine Fehler, Stärken, die Verbindung zu mir waren für Ernest so interessant, dass er mit seinen Fragen nie ein Ende fand. Wir arbeiteten oft bis spät in die Nacht, und ich stand geistig oft direkt neben Acker, wenn ich mit Ernest über meinen Halbbruder sprach.

Natürlich stellte ich mir die Frage: Wie wird Acker reagieren, wenn er erfährt, dass ich es wage, ein Buch über ihn schreiben zu lassen, das auch meine Meinung über ihn und seine Politik enthält? Aber schließlich ist Acker Kanzler, und ich wollte nicht nur kritisieren, sondern den Bürgern auch den unbekannten Acker beschreiben und vorstellen. Aus meiner Perspektive, nicht unkritisch – aber ich finde, dies ist fair und bestimmt nicht unsympathisch.

Inzwischen bin ich bei Petra exklusiv unter Vertrag, und ich habe mich inzwischen auch daran gewöhnt, die Ratschläge einer Managerin anzunehmen. Petra ist bei jedem Interview oder TV-Auftritt dabei und kümmert sich um alle Verträge. In den letzten Wochen habe ich sehr viel Selbstvertrauen gewonnen, war in vielen TV-Sendungen, habe unzählige Interviews, auch für die ausländische Presse, gegeben.

ACKER

Von Acker habe ich nun seit Wochen nichts mehr gehört. Wir trafen uns beim Geburtstag unserer Mutter, den diese leider im Krankenhaus verbringen musste, und selbst an diesem Tag wechselten wir kaum ein Wort. Was Acker über das Buch und meine Arbeit als Sonderredakteur der »Taschentuchzeitung« denkt, weiß ich nicht.

Wie am Anfang erwähnt, habe ich inzwischen sogar einen Arbeitsvertrag als Außendienstmitarbeiter und bin in Sachen Bäckereien unterwegs. Manchmal glaube ich zu träumen. Mein Leben hat sich nach vielen negativen Erfahrungen zum Positiven gewandelt. Aber ich weiß genau, auf den Lorbeeren kann und darf man sich nicht ausruhen, sondern man muss auch immer wieder mit Rückschlägen rechnen. Aber ich weiß auch, aufgeben ist die schlechteste Lösung, und aus eigener Erfahrung kann ich nun etwas optimistischer in die Zukunft blicken.

Was für mich und Gisela aber auch sehr traurig ist: Es geht weiter bergab mit unserem Land. Zwar hat Acker kürzlich wieder etwas bessere Umfragewerte im Lande bekommen, weil er in den letzten Monaten ganz vehement seine Reformen verteidigt hat und weil ja auch alle wissen, dass es so nicht weitergehen kann. Aber andererseits liegt diese wieder ein bisschen gestiegene Zustimmung auch daran, dass die CDU mit sich selbst beschäftigt ist und intern im Streit liegt. Denn was soll man von einer Oppositionspartei halten, die sich nicht mal untereinander einigen kann, welche ihrer verschiedenen Gesundheitsreformen denn nun die bessere ist, und wo sich zwei so genannte »Schwester«-Parteien unter dem Tisch gegenseitig pausenlos vor das Schienbein treten?

Oder dieses Gezänk, wer nun ihr Kanzlerkandidat werden soll, ich finde das unwürdig. Aber um die wirklich wichtigen Probleme kümmert sich dann keiner mehr, weil jeder nur darauf achtet, sich ja keine Blöße zu geben. Furchtbar! Ganz besonders peinlich fand ich es, als Finanzminister Eichel den Feiertag zur deutschen Einheit auf einen Sonntag legen wollte, um einen zusätzlichen Arbeitstag zu gewinnen. Da stellt sich dieser Stoiber hin und spielt sich als Rächer der kleinen Leute auf, dabei hat er selbst vor Jahren doch genau das gefordert! Wenn jetzt die Regierung schon mal macht, was er sagt, warum begrüßt er das dann nicht? Da kann er doch immer noch den dicken Maxen machen und tönen, dass die Regierenden endlich auf ihn hören. Aber nein, er muß wieder meckern. Und warum? Weil er glaubt, dass es bei den Wählern besser ankommt. Ich finde das rückgratlos, und da bewundere ich dann wiederum Acker, dass er sich in den letzten Monaten so vor seine Reformen gestellt hat. Ich bin politisch nicht seiner Meinung, das habe ich deutlich gesagt, aber dass er vertritt, was er für sinnvoll hält, das nötigt mir dann doch Respekt ab.

Aber, ganz ehrlich, ich weiß wirklich nicht, wer für die Zukunft unseres Landes besser ist, ob Acker und seine Partei oder die CDU mit Stoiber oder Merkel oder wem auch immer. Ich gebe zu: Ich bin am Ende des Jahres 2004 vollkommen ratlos. Vielleicht ist Acker das ja auch, manchmal scheint es mir jedenfalls so.

Ich denke oft an ihn, und mit dem Erscheinen dieses kleinen Buches verbinden sich für mich einige Wünsche: Dass sich Acker und ich wie damals, als wir Kinder waren und die Wälder von Talle unsicher machten, wieder zusammensetzen, dass wir miteinander reden und dass Acker einmal vergisst, dass er der Bundeskanzler ist, vielleicht nur für eine Stunde oder zwei.

Vielleicht kann ich, ein unbedeutender kleiner Malocher, Acker dabei helfen, die Ängste, Sorgen und Nöte der Bürger wieder besser zu verstehen. Ein Kanzler, der die Stimmen der Bürger und deren Worte nicht mehr versteht, ist trotz aller Minister ein einsamer Kanzler. Eines glaube ich immer noch:

Acker, in dir steckt so viel Herz, Seele und Gefühl für die Ungerechtigkeiten des Lebens, deshalb kannst du der Kanzler der sozialen Demokratie sein und auch wieder der Acker Schröder werden, den ich immer noch als Bruder liebe und den ich eigentlich als Politiker bewundern möchte. Und ich glaube, so geht es auch noch vielen anderen Bürgern!

Lothar Vosseler
DER KANZLER,
LEIDER MEIN BRUDER,
UND ICH.
Mit Ernest Buck

Vertrieb im Buchhandel:
Schwarzkopf & Schwarzkopf Verlag GmbH
Kastanienallee 32, 10435 Berlin
ISBN 3-89602-633-X

Vertrieb im Zeitschriftenhandel:
VU Verlagsunion KG
Am Klingenweg 10, 65396 Walluf
EAN 4196711209903400001

Titelbild:
ACTION PRESS

Abbildungen im Bildteil:
Privatarchiv Lothar Vosseler

Internet:
www.lothar-vosseler-buch.de